攻防平衡理论

——新技术变革条件下的发展与完善

乔 亮/著

全国百佳图书出版单位
吉林出版集团股份有限公司

图书在版编目（CIP）数据

　　攻防平衡理论：新技术变革条件下的发展与完善 /
乔亮著. -- 长春：吉林出版集团股份有限公司, 2020.6
　　ISBN 978-7-5581-8823-7

　　Ⅰ. ①攻… Ⅱ. ①乔… Ⅲ. ①国际关系理论－研究
Ⅳ. ①D80

　　中国版本图书馆CIP数据核字(2020)第111135号

GONGFANG PINGHENG LILUN XIN JISHU BIANGE TIAOJIAN XIA DE FAZHAN YU WANSHAN

攻防平衡理论——新技术变革条件下的发展与完善

著：乔　亮
责任编辑：王芳芳
封面设计：雅硕图文
开　　本：720mm×1000mm　1/16
字　　数：150千字
印　　张：11.5
版　　次：2020年6月第1版
印　　次：2022年10月第2次印刷

出　　版：吉林出版集团股份有限公司
发　　行：吉林出版集团外语教育有限公司
地　　址：长春市福祉大路5788号龙腾国际大厦B座7层
电　　话：总编办：0431-81629929
印　　刷：廊坊市印艺阁数字科技有限公司

ISBN 978-7-5581-8823-7 定　价：52.00元

前　言

　　攻防平衡理论，简称攻防理论，是一种从国际政治中进攻与防御之间关系的独特角度，来解释和预测战争与和平可能性的国际关系理论。该理论认为，当国际体系内进攻具有优势时，战争和冲突更易于爆发，反之，当防御具有优势时，和平与合作则更容易达成。攻防平衡理论是一种相当具有解释力的国际关系理论，但是也面临着很多质疑和批评。研究该理论的学者们对批评做出了回应，并对攻防平衡理论不断进行了修正与完善，使得该理论的解释能力得到了增强。

　　新世纪已经进入到第二个十年，攻防平衡理论毕竟是脱胎于20世纪冷战时代背景下，已经发展近四十余年的理论，在当今新的技术发展变革条件下，难免存在一些不适应当今技术发展特征的理论局限性，因此需要进一步对该理论进行补充与改进。改进的方向应当主要在以下几个方面：首先，要扩大攻防平衡理论的理论场域，拓展理论的解释范围；其次，要根据新技术的发展变化情况，引入新的考察因素，对理论概念进行丰富；同时，还要注意原有变量因素在新技术条件下产生的新变化。经过改进后的攻防平衡理论，可以更好地回应新技术革命带来的各种挑战。

　　攻防平衡理论形成于20世纪七八十年代之交，尽管作为国际关系学中一个重要的理论分支，已经在国外尤其是美国国际关系学界，被长期讨论了近四十余年之久，产生了大量丰富的理论成果，然而国内对于这一理论的研究，尚处于起步阶段。本书所从事研究的抛砖引玉，相信会为进一步深化对该理论的认识，从而使国内学界对于该理论产生更多的兴趣与关注，这无疑有助于国际关系理论研究的进一步发展，因而有着一定的理论开拓意义。

面对新的技术变革，以及相应引发和产生的新的战争形态特征，国家需要一种有效且符合于技术发展新现实的攻防平衡理论，来作为一定的参考，从而制定更为明智合理的政策，来有效避免冲突或战争的爆发。通过对攻防平衡理论进行深入研究，并对理论进行修正与完善，对于当今世界各个国家来说，都具有一定的现实意义。

由于本作著者智识能力与学理水平所限，欠妥不当之处亦在所难免，敬希广大学仁批评指正。

目　录

第1章　导　论

1.1　攻防平衡理论

1.1.1　攻防平衡理论提出的理论背景

　　无论是在宏观世界历史的考察里，还是在具体国际政治现象的研究中，战争与和平问题，都是一个永不过时的议题。战争这一人类历史现象，可以说近乎伴随和贯穿了人类的整个发展历史。早在人类发明文字，产生文明之前，甚至远溯至远古人类漫长的进化过程中，战争就已经扮演了非常重要的角色。许多考古证据都表明，正是由于数十万年前智人（Homo Sapiens）在对尼安德特人（Homo Neanderthalensis）的长期族群战争中，最终取得了胜利，智人的后代——即当今的现代人，才得以能够享有更多的生存繁衍的空间，进而奠定进化上的优势。战争还与人类的经济生活、科学技术、社会组织等各方面文明领域的发展进步之间，存在着奇妙的互动影响关系。位于中东巴勒斯坦地区的古城耶利哥（Jericho，亦译作杰里科）是已被发现的人类最早的定居城市遗址①。耶利哥最大的独特之处在于，该城也是已知最古老的拥有围墙的城市。修筑围墙是一种典型的防御外来侵袭的防御性行为。围墙

---

① 根据考古学上的年代推定，推测其历史可追溯到约公元前8000年，同人类最早在两河流域开展农业定居生活的开始时间基本吻合

的这一功能，证明该建筑显然是作为非生产性的军事建筑而存在的。历史学家和人类学家们一致认为，战争很可能是促使人类从村落、部落散居状态，向定居城市聚集、集中这一转化过程中，非常重要的推动因素之一。

其后，农耕定居民众和草原游牧民族之间的周期性战争[①]，更是一直持续到中世纪的末期。近现代民族国家体系，即威斯特伐利亚体系确立之后，战争作为现代意义上主权国家之间进行的一种国际政治行为，正式成为一种国际政治现象，开始进入国际关系学科的研究视野。战争，特别是进入近现代以来，主权国家之间的总体性战争，往往给波及的国家带来巨大的物质与精神毁伤，盲目草率发动的战争，往往得不偿失，更会导致国家长远的战略遭遇根本性的挫折，从而错失宝贵的历史发展机遇。历史上不满于是时的国际体系现状，从而发动改变现状战争的"修正国家"、"挑战者"们的国运跌宕，就是最为深刻生动的历史教训[②]。国家的权势能力是有限而宝贵的资源，对其加以谨慎的使用，从而得到最大的回报，才是真正明智的战略选择。国家利益的实现方式，其实往往不局限于战争和冲突的道路：战争相对应的是和平，冲突相对应的是合作。在很多情况下，特别是在现代国际法和国际体系原则不断完善的情况下，采取稳健的相对和平的方式，有时可能会同样的、甚至更有效率地实现国家战略利益。原子核能武器的发明和发展，不仅使得一般性的冲突，更加容易升级成全面的核战争，同时，使得战争的危害不仅仅局限在参与战争的国家里，还会关系波及人类整体的存亡。因此，无论是从全人类的福祉角度，还是从单纯国家利益角度出发，研究如何尽量避免战争和冲突，促进和平与合作，都是国际关系研究必要的题中之义。

---

① 参见George H. Quester, *Offense and Defense in the International System*, John Wiley and Sons, 1977, pp. 29~36

② 历史上的"修正国家"或"挑战者"一般包括法国（三次挑战）、奥地利（两次挑战）、德国（两次挑战）、俄苏（两次挑战）、日本（一次挑战）等，可以参考肯尼迪等人的著作，Paul M. Kennedy, *The Rise and Fall of the Great Powers*, Vintage, 1989

　　对此，国际关系学者、外交政策学者、战争史学家、军事理论家等各个领域的专家，都纷纷展开了激烈的讨论，进行了丰富的研究，发展延伸了形形色色的国际关系理论，来解释和预测战争及其可能性问题。最常被人讨论的就是国际体系的"无政府状态"[①]，由于缺乏类似于国内政治中政府、军队、警察、法院等提供法律、秩序与安全的最高机构或权威，在仲裁、惩罚与约束尽皆缺失的"霍布斯状态"下，国家与国家之间很容易爆发冲突或战争。在无政府状态这一大前提下，国际体系中各个国家间权势的具体对比与分布状态，又会对战争与和平提供不同方面的影响。从国际体系均势的角度来分析战争的原因，认为国家间的权力均势会对战争起到约束作用，可以说是一种非常主流与经典的研究视角。另一些人如查尔斯·金德尔伯格（Charles P. Kindleberger）、罗伯特·吉尔平（Robert Gilpin）等，则提出了"霸权稳定理论"，指出当体系内有一个霸权国存在时，该霸权国会提供近似于世界最高权威的一种公共产品，发挥维护体系稳定的作用，从而降低国家间战争的爆发风险[②]。肯尼思·奥根斯基（A. F. Kenneth Organski）等学者则相应的提出了"权力转移理论"，认为虽然霸权国在权势占据优势的时段里，会提供和维持国际秩序，降低战争频率，但是当霸权国衰落，潜在霸权国兴起的"权势逼近期"，亦即两国权势发生转移交替的"窗口期"时，战争尤其是体系范围上的大国间的争霸战争，反而更容易爆发[③]。另一个角度是从国家内部特征出发，来阐述国家内部政治组织特质，与战争爆发概率之

[①]　讨论无政府状态的国际关系理论著作主要集中于现实主义国际关系理论流派的各种经典著作中，譬如Hans J. Morgenthau, *Politics Among Nations: The Struggle for Power and Peace*, McGraw-Hill, 1993, pp. 373~378; Arnold Wolfers, *Discord and Collaboration*, John Hopkins Press, 1962, pp. 105~117; Kenneth N. Waltz, *Theory of International Politics*, McGraw-Hill, 1979, pp. 135~147等

[②]　参见Robert Gilpin, *War and Change in World Politics*, Cambridge University Press, 1981, pp. 35~41

[③]　参见Paul M. Kennedy, *The Rise and Fall of the Great Powers*, Vintage, 1989, pp. 14~18

间的关系，其中最具有争议性的就是迈克尔·多伊尔（Michael W. Doyle）和布鲁斯·拉西特（Bruce Russett）等人提出的"民主和平论"，他们认为民主国家同专制国家相比更不好战，后者间爆发战争的频率相对更高。有的学者如罗伯特·杰维斯（Robert L. Jervis）等人则更进一步，从国内利益集团的博弈、外交战略的决策方式，甚至领导人的性格心理分析等方面入手[①]，来解释战争为什么发生或得到了避免。此外，还有从具体的一些（如地理或军事）因素作为切入点，一定程度上涉及了对于战争原因的讨论，譬如地缘政治理论、博弈理论、威慑理论、战略核稳定理论等等[②]。在众多研究战争与和平的国际关系理论中，不能不提到极富个性与特色的攻防平衡理论。

1.1.2 攻防平衡理论的研究议题

攻防平衡理论（Offense Defense Balance Theory），又简称为攻防理论（Offense Defense Theory，国际关系学界通常简称为ODT）。一般意义上说，用一句通俗的语言，来简单概括该理论的核心要点，那就是：攻防平衡理论认为，当国际体系内进攻具有优势（Offensive Domination）时，战争和冲突更易于爆发，反之，当防御具有优势（Defensive Domination）时，和平与合作则更容易达成[③]。攻防平衡理论是一种从国际政治中进攻与防御之间关系的独特角度，来解释和预测战争与和平可能性的理论。除了在国际关系，尤其是国际安全研究领域，对于揭示战争的起因，具有重要作用外。攻防平衡理论还被广泛用于解释军备竞赛、安全困境、军备控制、战争升级的根源、

---

① 参见Robert L. Jervis, *Perception and Misperception in International Politics*, Princeton University Press, 1976, pp. 420~427

② 参见托马斯·谢林等人的著作, Thomas C. Schelling, *The Strategy of Conflict*, Harvard University Press, 1976, pp. 3~18

③ 对于攻防平衡理论的简单定义, 初步结合了攻防平衡理论中较为重要的两位学者, 即罗伯特·杰维斯和希姆–林–琼斯两人的观点

国家战略政策的合理有效性、国家军事发展战略的制定、威慑和修正对手行为的最优方式、国家的安全政策、危机解决、外交谈判以及联盟的形成等诸多方面。此外，应用到具体的经验案例研究，譬如在第一次世界大战爆发的起源、近现代欧洲自16世纪以来战争的频率、冷战中的美苏关系与核对峙、爆发革命国家的对外政策、后冷战时代各个地区国内战乱和种族冲突等案例上，攻防平衡理论也提供了极大的解释作用。因此，攻防平衡理论是一种解释国际关系有关战争与和平相关现象与问题的一种相当有效的理论。

但是，与此同时，学者们也注意到，攻防平衡理论自身还存在一些有争议的理论点和一些理论解释上的问题，在获得国际关系学者们称赞与应用的同时，有时也或多或少面临着一些质疑和批评[①]。理论往往都需要持续地进行修正、改进和完善，攻防平衡理论自然也不能例外。面对批评和争论，研究该理论的相关学者，其实已经做出了很多回应，对攻防平衡理论不断地进行了补充和完善，使得理论能够具备更加广泛和深入的解释能力。譬如苏联解体和冷战结束以后，面对国际体系的崭新面貌，攻防平衡理论学者就针对后冷战时代的新特点，对理论进行了及时的更新。新的世纪已经进入第二个十年，国际政治又再次出现了很多新的变化，攻防平衡理论毕竟是脱胎于20世纪冷战时代背景下，已经发展了近四十年的理论，在当今新世纪日新月异的技术发展变革条件下，难免在理论场域上存在一些不适应当今技术发展特征的局限性，因此，需要像20世纪八九十年代该理论的学者们曾经对理论做过的一些更新完善那样，在今天，同样要对攻防平衡理论进行适应于新技术革命特点的修正与改进。

---

① 参见，James W. Davis Jr., Bernard I. Finel, Stacie E. Goddard, Stephen Van Evera, Charles L. Glaser and Chaim Kaufmann, "Taking Offense at Offense-Defense Theory," International Security, Vol. 23, No. 3, Winter 1998, pp. 179~206

1.1.3 攻防平衡理论的范畴界定

作为本作计划研究探讨的对象，即攻防平衡理论，在国际关系理论谱系中，应当如何来进行初步的定位呢？首先，攻防平衡理论是现实主义国际关系理论中的一个重要分支。攻防平衡理论接受了现实主义理论所一般共同享有的一系列先决假设，比如国际体系的"无政府状态"，国家只能通过自助，来维护自身的安全，主权国家是理性的行为体，追求实现自身利益的最大化等假设条件。其次，具体来说，攻防平衡理论是结构性现实主义的重要一枝。因为攻防平衡是一种体系层面的结构变量，对战争的可能性施加了一种结构性的约束，影响攻防平衡的主要因素（如技术、地理等），也往往对体系内的几乎所有国家施加影响。同时，尽管攻防平衡理论是基于现实主义的先验预设，但是并没有得出很多其他现实主义国际关系理论那样悲观的结论，即认为冲突是人类历史和国际政治的常态，国家间的合作几乎很难达成等[1]，或像约翰·米尔斯海默（John J. Mearsheimer,）为代表的进攻性现实主义学者那样，主张国家应当为了维护自身安全，尽可能地追求自身权势[2]。相反，从现实主义的思考出发，攻防平衡理论认为在考虑到攻防平衡这一因素，并作出相应分析对策之后，国家之间的合作，在很大程度上可以达成，国家可以不必极度扩张权势，也能维护自身的安全。因此也有学者将攻防平衡理论归入"防御性现实主义"、"温和结构现实主义"，亦被查尔斯·格莱瑟称为一种"乐观的现实主义"[3]。

[1] 主要代表性著作有Hans J. Morgenthau, *Politics Among Nations: The Struggle for Power and Peace*, McGraw-Hill, 1993; Arnold Wolfers, *Discord and Collaboration*, John Hopkins Press, 1962; Kenneth N. Waltz, *Theory of International Politics*, McGraw-Hill, 1979等

[2] 参见John J. Mearsheimer, *The Tragedy of Great Power Politics*, W. W. Norton, 2003, pp. 27~44

[3] 参见Charles L. Glaser, "Realists as Optimists: Cooperation as Self-Help," International Security, Vol. 19, No. 3, Winter 1994, pp. 50~90

综合以上探讨可以看出，攻防平衡理论是一种立足于现实主义的理论框架，尤其是在结构现实主义的框架下，研究战争与冲突，寻求合作与和平的一种独特理论。与一般意义上的基于权势、地缘、外交等因素的国际关系理论不同的是，攻防平衡理论对于战争的爆发与避免，有着更加深入、有针对性的剖析。它将军事技术力量的攻防属性这一因素，创造性地引入对战争与和平相关问题的探讨中，比较起广义上的结构性现实主义理论，它有着更为具体的军事技术指向性；比较起相对平面化的均势论、博弈论、威慑论等中层理论，攻防平衡理论更加富有动态性和针对性，涵盖更多具体的因素；比较起其他重视国内外影响因素的一些研究冲突与合作的问题研究理论，该理论直指国家的军备发展战略和军事执行能力，能够最近距离的描绘与揭示战争与和平问题，具有独树一帜的理论特质。

由于攻防平衡理论已经发展了相当长的一段时间，该理论下包含有不同"流派"，或者说，包含了有着不同研究侧重点的理论分支。本作对于已有攻防平衡理论的考察和讨论，将计划主要立足于这些不同学者及其理论中共通的核心部分，即一般普遍意义上的攻防平衡理论，也就是说，以杰维斯的最为元祖和正宗的攻防平衡理论，作为理论研究的主流和中心，同时，也会注意到不同学者对该理论不同表述中的那些差别，以及添加完善的细节部分，来为下一步修正与补充该理论提供基础。本书将在后面的章节中，对攻防平衡理论的不同分支流派，进行更为具体的分别和梳理。

1.2 攻防平衡理论的理论与现实意义

1.2.1 攻防平衡理论的理论研究意义

攻防平衡理论产生于美苏冷战的时代背景下，形成于20世纪七八十年代之交①，尽管作为国际关系学理论中的一个重要理论分支，已经在国外，尤其是该理论的"大本营"——美国国际关系学界——被反复探讨了近四十余年之久，产生了大量丰富的理论成果，然而在国内，对于这一理论的研究推介，尚处于起步阶段。本作的抛砖引玉，相信会为进一步深化对该理论的探究，从而使国内学界对于该理论产生更多的兴趣与关注，这无疑有助于国内国际关系理论的进一步发展，因而有着一定的理论开拓意义。

同时，即使在该理论的发源地美国，关于这一理论的探讨，也仍在火热进行之中。尤其是近几年来，正值第一次世界大战一百周年之际，美国学界再次掀起了对该理论的热切关注与研究兴趣，不断引发再争论与再审视②。这也从一个侧面，说明了该理论自身强大的理论生命力和巨大的发展潜力空间。该理论非但不是一个陈旧的、将死的理论，反而在当今新的时代历久弥新，是一个具有实时特点的理论，值得国际关系学界予以持续不断的关注。

新世纪即将进入第三个十年，新技术革命的不断深化展开，引发了科学技术的急速进步，对该理论的应用舞台，提出了新的问题、新的压力与新的挑战。不但孕育该理论的冷战时期的代表性事物——核武器仍然存在，冷战后的战争形态和安全议题，又产生了许多新的变化，诸如战争形态逐渐呈现出高科技信息化战争的特征和趋势，国际社会面临着非传统类型的威胁和冲突等新的课题。进入到了新世纪，网络信息技术的进一步普及、立体化信息化战争的全面发展，更是令国际关系学者们眼花缭乱。如何让该理论在产生

---

① 一般以罗伯特·杰维斯在1978年发表的《安全困境下的合作》这篇文章作为攻防平衡理论产生的正式标志，具体参见Robert L. Jervis, "Cooperation Under the Security Dilemma," World Politics, Vol. 63, No. 3, January 1978, pp. 167~214

② 以杰克·斯奈德和斯考特·萨根为首的一些国家关系学者在一战百周年之际，针对一战爆发的具体原因，关于攻防平衡理论的相关问题进行了再一次的热切论战，参见Jack S. Levy, "Everyone's Favored Year for War-or Not?" International Security, Vol. 39, No. 4, Spring 2015, pp. 208~217; Scott D. Sagan, "1914 Revisited: Allies, Offense, and Instability," International Security, Vol. 11, No. 2, Autumn 1986, pp.151~175

四十余年后，在这个崭新的时代里，依旧能够有效解释和应对当今新技术条件下的新特征、新问题？这就需要对已有的攻防平衡理论，进行一定修正与补充，融入新技术革命带来的新特点，使理论不断得到更新。本书计划探讨在新的技术背景下，如何对已有的攻防平衡理论进行修正与补充，使其能够更加适应崭新的时代技术条件，提高理论自身的解释效力。

无论是对攻防平衡理论本身的些许改进或完善，还是促进国际关系学界对该理论的进一步兴趣与关注，甚或是投石问路，为该理论的后续研究的不断拓展和深入提供助益，本书如果能在以上几点目标上，哪怕仅仅完成了一丁点儿尝试，相信应当能够为今后该理论研究的进一步展开，产生微薄作用。

1.2.2　攻防平衡理论的现实研究意义

就像前文曾经提到的那样，通过对攻防平衡理论进行修正与完善，优化该理论对于战争与和平可能性的研究，不止是一种尽可能避免战争创伤，促进人类各国和平合作的有益的理论探索，还是更好地实现和维护国家利益的一种实践探索。理解攻防平衡与战争概率之间的相关性，有助于更顺畅地实现和完成长远的国家发展战略，制定更为明智的外交政策和更为谨慎的军备发展行为，降低战争爆发风险，保护国家的安全和国民的福祉。当今科学技术的愈发飞速的发展，作用于人类生活的各个领域，近乎桑田沧海般改变着人们日常生活的面貌，而军事领域的革命（RMA，Revolution in Military Affairs）更是对新技术的发展和应用非常敏感[①]。军事技术进步的周期越来越短，战争的新领域拓展得也越来越快，当今的战争特征和战争形态，已经完全不同于二十一世纪最初的特点，更不用说同20世纪的传统类型战争相比

---

① 参见Jonathan Shimshoni, "Technology, Military Advantage, and World War I," International Security, Vol. 15, No. 3, Winter 1990, pp. 187~215

了。面对新的技术变革，以及相应引发产生的新的战争形态特征，各个国家都需要一种有效且符合于时代发展新现实的攻防平衡理论，来作为一定的引导或参考，从而制定更为明智合理的政策，来有效避免盲目、悲剧性的战争的爆发。攻防平衡理论的研究，同其他各种研究战争的国际关系理论一样，可以帮助促进国家的和平长远发展，有效保障国民的民生安乐。因此，通过国际关系学者对攻防平衡理论进行深入研究，并对理论进行修正与完善，对于当今世界各个国家来说，都具有一定的现实意义。

1.3　攻防平衡理论的研究现状

1.3.1　国外学界研究状况

人们一般将罗伯特·杰维斯（Robert L. Jervis）视作攻防平衡理论的创始者，尽管已经有很多其他国际关系学者在其著作中，或多或少也涉及了这一领域，譬如乔治·奎斯特（George H. Quester）的《国际体系中的进攻与防御》、罗伯特·吉尔平的《国际政治中的战争与变革》、昆西·赖特（Quincy Wright）的《战争研究》等等①，显示了国际关系学界对于攻防平衡的研究，其实有着极为悠久的历史。杰维斯在其1978年发表的文章《安全困境下的合作》中，首次系统地阐述了攻防平衡理论及其相关原理，标志着攻防平衡理论作为一个独立理论的正式诞生。这也就是说，该理论在国外国际关系学

---

① 分别参见George H. Quester, *Offense and Defense in the International System*, John Wiley and Sons, 1977, pp. 193~197; Robert Gilpin, *War and Change in World Politics*, Cambridge University Press, 1981, pp. 119~122; Quincy Wright, *A Study of War*, Chicago University Press, 1965, pp. 6~7

界，已经有了四十余年的研讨历史。杰维斯在一开始并没有意识到自己提出了一个崭新的理论，其提出攻防平衡理论的初衷，本来是分析如何帮助国家摆脱"安全困境"的。通过观察分析杰维斯涉及攻防平衡的诸多文章，可以发现大多也以讨论安全困境和合作问题为主，攻防平衡是服务于这一目的的重要分析要素[①]。随着后续学者对该理论陆续进行了系统性总结，杰维斯对于攻防平衡理论的重要开拓性地位，得到了越来越多人的认同。杰维斯关于攻防平衡的观点可以概括为：当进攻占据优势地位时，战争的可能性会大大增加，军备竞赛将加剧；相反，当防御占据优势地位时，进攻将变得难以发生，国家将更有可能进行合作。同时，如果进攻和防御可以相对区分，那么国家就可以向对方显示自己防御性的目标方向，即自己增强实力，只是为了防御自己的安全，从而帮助各个国家走出安全困境。但是攻防如何得以区分，杰维斯并没有给出明确的讨论，而是认为攻防可以大致的得到区分。杰维斯认为影响攻防平衡的因素主要是地理与技术，攻防平衡以及这些要素，为国家与战争的关系，加诸了一种结构上的影响与限制，因此是一种立足于体系结构的现实主义理论，而杰维斯本人又是"防御性现实主义"的主要代表人物之一，这也是该理论被归为防御性现实主义的由来。

之后的学者对攻防平衡理论不断进行了补充与发展，而它最经常被用来分析与解释的经典案例，就是第一次世界大战的爆发。斯蒂芬·范·艾弗拉（Steven Van Evera）、杰克·斯奈德（Jack L. Snyder）等国际关系学者是这一领域的代表。这些学者还在讨论攻防平衡理论及其影响因素时，引入了许

[①] 杰维斯涉及攻防平衡理论的相关论著主要包括Robert L. Jervis, "Arms Control, Stability, and the Causes of War," Political Science Quarterly, Vol. 108, No. 2, Summer 1993, pp. 239~253; "Cooperation Under the Security Dilemma," World Politics, Vol. 63, No. 3, January 1978, pp. 167~214; "From Balance to Concert: A Study in International Security Cooperation," World Politics, Vol. 38, No. 1, October 1985, pp. 58~79等等

多新的因素①。

　　范·艾弗拉在其著作《战争的原因》中，通过对1789年至20世纪90年代欧美各国的对外政策及战争历史的分析，以及对春秋战国时期各诸侯国间的合纵连横等战争活动的研究，归纳出了当攻防平衡对进攻有利的时候，战争更容易爆发的基本结论。他认为武器可以具体分辨出进攻与防御特性，攻防平衡既包含着客观上实际存在的攻防平衡，也包含着认知观念上的攻防平衡。除此之外，影响攻防平衡的因素，也不应该仅仅局限在地理和技术等"狭义"范围内，一国的军事指导思想、国家的社会结构乃至外交等因素，都会对攻防平衡产生作用，攻防平衡应该是军事、地理、社会和外交因素的总和。范·艾弗拉的攻防平衡理论所表达的，是国家在对是否发动战争进行决策时，对战争能否成功以及对战争成本——收益的预期，以及该预期对最终决策结果的影响。也就是说，攻防平衡理论所要解释和预测的，不是已有战争的过程与结果，而是各个国家决心发动战争与维持和平的原因和可能性。范·艾弗拉将该理论领域极大的延伸，将其发展为一种包括各种层次因素的一种外交政策理论，但这种"无所不包"性，也为后来对他理论的诟病批判，埋下了一定伏笔②。

---

① 参见两人的如下论著Steven Van Evera, *Causes of War: Power and the Roots of Conflict*, Cornell University Press, 1999; "Offense, Defense and the Cause of War," International Security, Vol. 22, No. 4, Spring 1998, pp. 5~43; "The Cult of the Offensive and the Origins of the First World War," International Security, Vol. 9, No. 1, Summer 1984, pp. 58~107; Jack L. Snyder, *Myths of Empire: Domestic Politics and International Ambition*, Cornell University Press, 1991; *The Ideology of the Offensive: Military Decision Making and the Disasters of 1914*, Cornell University Press, 1989; "Better Now than Later: The Paradox of 1914 as Everyone's Favored Year for War," International Security, Vol. 39, No. 1, Summer 2014, pp. 71~94; "Civil-Military Relations and the Cult of the Offensive, 1914 and 1984," International Security, Vol. 9, No. 1, Summer 1984, pp. 108~146等

② 参见Sean M. Lynn-Jones, "Offense-Defense Theory and Its Critics," Security Studies, Vol. 4, No. 4, Summer 1995, pp. 660~691

斯奈德同范·艾弗拉一样，强调从国家领导人认知上的迷走、国内政治集团的掣肘、参谋军官的军事教条，乃至联盟的绑架作用等原因出发，对于一战爆发以及二战美日开战的原因，分别进行了深刻分析。在《进攻的意识形态》这本书中，他指出一战爆发的原因在于，当时各国普遍存在着进攻占优的错误认知，甚至是一种"进攻崇拜"（Cult of Offensive）的错误迷信思想，这种错误认知思想很大程度上导致了1914年第一次世界大战的灾难出现。在《帝国的迷思》中，这种迷信得到进一步深化阐述，也体现在袭击珍珠港前的日本帝国身上，错误的"迷思"和帝国内部政治集团的共同作用，将日本一步步带入与美国交恶，最终引发太平洋战争的不归路。斯奈德对于范·艾弗拉理论的发展之处在于，除却认知角度之外，他还善于从国内政治中的联盟、组织和博弈中寻找答案，以及重视国家联盟集团的制约作用等。他和汤姆斯·克里斯坦森（Thomas J. Christensen）一起讨论了国家联盟对攻防平衡的影响作用，发展了范·艾弗拉有关国家联盟作用的论述[①]。斯奈德以研究国内政治见长，为攻防平衡理论提供了新的思路，但是不免又将攻防平衡理论，更深的带入了国家单元层次，因而他的理论也受到不少学者的批评。

查尔斯·格莱瑟（Charles L. Glaser）与柴姆·考夫曼（Chaim Kaufmann）将攻防平衡理论在细化完善上，走向了一个崭新的层次。针对攻防平衡的可测量与可操作性问题，两人在杰维斯对攻防平衡定义的基础上，对其加以进一步发展，提出利用净评估方法（Net Assessment）来测量攻防平衡。同时，将攻防平衡定义为进攻方的武装力量与防御方的武装力量的成本之比，即若防御方在军事资产上投资X，那么进攻方需要投入多大的Y，才能获得

---

① 参见两人的文章系列Jack L. Snyder and Thomas J. Christensen, "Chain Gangs and Passed Bucks: Predicting Alliance Patterns in Multipolarity," International Organization, Vol. 44, No. 2, Spring 1990, pp. 137~168; "Multipolarity, Perceptions, and the Tragedy of 1914," International Studies Quarterly, Vol. 55, No. 2, June 2011, pp. 305~308

夺取领土所需的力量。攻防平衡即为Y与X之比，比率越大，平衡就愈有利于防御。在单纯的双方成本之比，即单对儿攻防平衡的基础上，再将两者的成本之比进行乘积，就可以得到复合攻防对比（Compound Offense-Defense Balance），通过比较结果是大于1还是小于1，以及大或小多少，可以更加准确地把握和衡量攻防之间的平衡问题[①]。

根据林–琼斯的分析，攻防平衡理论可以分为几个大类[②]：一种是狭义范畴上的攻防平衡理论，主要立足于体系或结构层次，影响攻防平衡的因素主要为技术与地理因素，杰维斯、奎斯特和林–琼斯是这一分支的代表学者；另一种是广义范畴上的攻防平衡理论，既考虑体系结构因素，同时又引入了单元层次的因素，加入了许多新的影响攻防平衡的要素变量，譬如国内政治因素、外交政策因素、国家联盟因素等，甚至包括心理认知因素，范·艾弗拉和斯奈德是这一分支的典型学者。格莱瑟和考夫曼两人的理论，应该说是介于两者之间，既研究结构层次上的技术、地理要素，还在影响攻防平衡的因素上，添加了军队规模、资源累计度和民族主义等因素，同时又没有引入过多单元层次上的因素，排除了诸如范·艾弗拉和斯奈德等人主张的国家联盟因素和先发制人因素等变量。最后一种攻防平衡理论是从具体军事执行方式和军事技巧角度来分析攻防平衡理论的一支，代表人物为斯蒂芬·彼得尔等人[③]。

同时，格莱瑟和考夫曼从技术这一要素出发，从机动性、火力、防护、后勤、通讯以及侦察等六个方面，来讨论技术革新对攻防平衡所产生的具体影响，其中机动性和火力方面上的技术进步是其关注的重点，认为在一般情况下来说，机动性有利于进攻，火力有利于防御。两人研究上的主要问题，

---

① 参见Charles L. Glaser and Chaim Kaufmann, "What is the Offense-Defense Balance and Can We Measure It?" International Security, Vol. 22, No. 4, Spring 1998, pp. 44~82

② 参见Sean M. Lynn-Jones, "Offense-Defense Theory and Its Critics," Security Studies, Vol. 4, No. 4, Summer 1995, pp. 660~691

③ 参见Stephen Biddle, "Offense, Defense, and the End of the Cold War: Criteria for an Appropriate Balance," Defense Analysis, Vol. 11, No. 1, October 1995, pp. 65~74

是理论逻辑上的自洽性存在矛盾。虽然是主张要研究攻防平衡在战术、作战和战略等不同层次的综合考察，但是在实际展开研究中，还是过于拘泥具体的战场战术角度。他们主要模拟和构建了一种仅包含攻守双方的、在静态战场上的一次性对撞场景，导致了解释领域的局限性和一定程度上的理论预设的理想化。同时，他们的理论还存在对于攻防的概念上定义模糊，以及在实验结果上的循环论证的问题。然而格莱瑟和考夫曼的研究，在攻防平衡理论具体要素的量化、细化、深化上，做出了极为有意义的尝试。

谈到对前有攻防平衡理论集大成式的梳理者，面对理论批评的积极回应者，以及理论的努力修正者，希恩·林–琼斯（Sean M. Lynn-Jones）的名字不能不被提及[①]。首先，他对攻防平衡理论的各个分支进行了分类，形成了上文提到的四类攻防平衡理论，并倾向于立足和坚持体系结构层次的那一支（他将自己亦列入结构层次那一支），倡导各分支的互相借鉴与互相补充。其次，在攻防区分识别问题上，林–琼斯认为对于攻防平衡理论的一些批评，主要是源于对理论自身的误解，攻防识别不在于具体的武器上，而是在国家对军事发展的投入侧重与方向中。再次，对于攻防平衡的技术影响要素，他认为军事技术与非军事技术都会影响攻防平衡的变化。此外，面对攻防平衡的具体测量检验上，林–琼斯认为攻防平衡难以绝对测量，因为攻防平衡是一个处于不断变化过程中的连续体，判断其变化的广度与方向，比起单纯数字结果上的进攻有利还是防守有利更为重要。正像当年华尔兹在《新现实主义及其批评者》中为结构性现实主义进行理论梳理和辩护，进而回应批评者们的疑窦那样，林–琼斯也在写就的文章《攻防平衡理论及其批评者》中，一定程度上厘清了攻防平衡理论的理论谱系和核心概念，对理论进行了重要的补充和完善，回应了对于该理论的一些批评与质疑。他参与主编的论文集《进

[①] 林–琼斯的经典论述包括在Sean M. Lynn-Jones, "Does Offense-Defense Theory Have a Future?" International Security, Draft in 2001, pp. 5~38; "Offense-Defense Theory and Its Critics," Security Studies, Vol. 4, No. 4, Summer 1995, pp. 660~691中

攻、防御与战争》（Offense, Defense and War），是研究攻防平衡理论必不可少的重要文献[1]。

国际关系理论与战争史领域的著名学者杰克·列维（Jack S. Levy），从技术和历史分析的角度，解读了攻防平衡理论的要点，认为杰维斯之后的攻防平衡理论学者，尤其是艾弗拉和斯奈德等人，引入了太多新的因素，导致理论核心概念过于臃肿、模糊，变成一种毫无意义的"高大全"理论，他不赞成这种对理论的修正，认为应该坚持理论的概括与简约性[2]。

斯蒂芬·彼得尔（Stephen Biddle）和詹姆斯·费尔隆（James D. Fearon）认为攻防平衡理论虽然存在无法直接经受实证检验与测量的问题，但是这个问题可以间接得到解决，并且分别从不同角度提出了自己的方案。彼得尔作为一名军人学者，有着丰富的戎场经验和军事背景知识，从具体的军事专业角度指出，国家的军事战略部署、军备的军事作用效果、军力的运用执行方式乃至实际的战斗技巧，都可以帮助解决攻防区分与攻防平衡的问题。他在《攻防平衡理论的再构建》这篇文章中，提出利用新的变量，即军事运用方式（Force Employment）来更好地解释攻防平衡，从而对攻防平衡理论进行更好的"再构建"。费尔隆则采用大历史长时段视角分析法，来回应攻防平衡理论的实践应用问题，总结了欧美各国自1648年以来发生战争频率与是时攻防平衡转化变动之间的关系，来证明攻防平衡理论的有效性。泰德·霍普夫（Ted Hopf）则提出国家战略信念这一因素，来帮助区分攻防平衡，可以说同彼得尔有着近似的研究看法和路径，在《极、攻防平衡与战争》这篇文章中，霍普夫指出从长期观察来看，防御占优势的时期要更加多一些，从而有

---

[1] 林-琼斯是主要编者之一，参见Michael E. Brown, Owen R. Coté, Jr., Sean M. Lynn-Jones and Steven E. Miller, *Offense, Defense and War*, MIT Press, 2004

[2] 参见Jack S. Levy, "The Offensive/Defensive Balance of Military Technology: A Theoretical and Historical Analysis," International Studies Quarterly, Vol. 28, No. 2, June 1984, pp. 219~138

效揭示了攻防平衡与国际体系多极化发展进程之间的关系[①]。

凯尔·利伯（Keir A. Lieber）和斯考特·萨根（Scott D. Sagan）认为攻防平衡理论过于强调军事技术的"决定性"作用，应该更加强调人的主观能动作用，军事问题始终都应该坚持技术与人的结合，并同杰克·斯奈德进行了来回几个回合的学术交锋，认为斯奈德的"进攻崇拜"解释并不能真正揭示一战爆发的原因，各国的主动战略抉择，可能起了更大的推动作用[②]。科林·格雷（Colin S. Gray）也表达了近似的观点，他借鉴了学者伯纳德·布罗迪（Bernard Brodie）的理论思想，认为武器装备和军事技术对于战争的爆发，并不是起着决定性作用，国家的政策、战略，或许是一个更为重要的决定因素。乔纳森·希姆修尼（Jonathan Shimshoni）提出国家乃至组织集团的开创性精神，可以帮助实现对技术更加富有创造性的使用，因而军事技术只是起到有限的作用，发明、使用技术的人的因素，显

---

① 具体参见Stephen Biddle, "Rebuilding the Foundation of Offense-Defense Theory," The Journal of Politics, Vol. 63, No. 3, August 2001, pp. 741~774; James D. Fearon, "The Offense-Defense Balance and War since 1648," Draft in 1997, pp. 1~40; Ted Hopf, "Polarity, the Offense-Defense Balance, and War," American Political Science Review, Vol. 85, No. 2, June 1991, pp. 475~493

② 有关与斯奈德的论战，见于Keir A. Lieber, "Grasping the Technological Peace: The Offense-Defense Balance and International Security," International Security, Vol. 25, No. 1, Summer 2000, pp. 71~104; "Mission Impossible: Measuring the Offense-Defense Balance with Military Net Assessment," Security Studies, Vol. 20, No. 3, July 2011, pp. 451~459; "The New History of World War I and What It Means for International Relations Theory," International Security, Vol. 32, No. 2, Fall 2007, pp. 155~191; Scott D. Sagan, "1914 Revisited: Allies, Offense, and Instability," International Security, Vol. 11, No. 2, Autumn 1986, pp.151~175; Jack L. Snyder and Kier A. Lieber, "Defensive Realism and the 'New' History of World War I," International Security, Vol. 33, No. 1, Summer 2008, pp. 174~194; Jack L. Snyder and Scott Sagan, "The Origins of Offense and the Consequences of Counterforce," International Security, Vol. 11, No. 3, Winter 1986, pp. 187~198

然更为重要[①]。

　　小詹姆斯·戴维斯、伯纳德·芬尼尔和斯塔西·戈特达德（James W. Davis Jr.，Bernard I. Finel，Stacie E. Goddard）则同攻防平衡理论的主要相关学者范·艾弗拉、格莱瑟和考夫曼进行了理论交流，对他们提出了许多质疑与批判，后者则给予一一的反驳与回应。这一学术交锋，既反思了攻防平衡理论自身存在的一些问题，也为修正补充该理论指明了方向[②]。此后不断有学者对攻防平衡理论进行补充，增加新的内涵，寻求理论的进一步完善，对其在新理论领域的可能性进行了探索。譬如卡伦·卢斯·亚当斯（Karen Ruth Adams）提出了一个全新的"进攻——防御——威慑平衡"（Offense-Defense-Deterrence Balance）理论，尝试对攻防平衡理论和核威慑稳定理论进行有机结合。斯考特·克里默（Scott F. Creamer）对后冷战时代国内族群冲突中攻防平衡理论的应用进行了讨论，大卫·麦克因特勒（David H. McIntyre）初步研究了未来网络电子战中的攻防平衡，朴俊奕（Jun Hyuk Park）探讨了攻防平衡理论与现代预防性战争、先发制人战争间的关系，尤夫·戈德扎克、尤拉姆·哈弗特尔、凯文·斯威尼等人（Yoav Gortzak、Yoram Z. Haftel、Kevin Sweeney）试图从实证量化角度，查尔斯·安德顿（Charles H. Anderton）尝试从数学角度，分别来论证攻防平衡理论的可测量与可操作性

[①]　关于格雷和希姆修尼的相关批评意见，见于Colin S. Gray, *Weapons Don't Make War: Politics, Strategy, and Military Technology*, Kansas University Press, 1993, pp. 14~15; Jonathan Shimshoni, "Technology, Military Advantage, and World War I," International Security, Vol. 15, No. 3, Winter 1990, pp. 187~215

[②]　James W. Davis Jr., Bernard I. Finel, Stacie E. Goddard, Stephen Van Evera, Charles L. Glaser and Chaim Kaufmann, "Taking Offense at Offense-Defense Theory," International Security, Vol. 23, No. 3, Winter 1998, pp. 179~206

问题，等等[①]。理查德·贝茨（Richard K. Betts）也对攻防平衡理论进行了补充，提出在应对非传统势力威胁，例如反制恐怖主义中应用攻防平衡理论，虽然贝茨没有对此继续详细展开，但不失为在新时代新条件下，对攻防平衡理论的发展做出了一种尝试[②]。

1.3.2 国内学界研究状况

国内目前对于攻防平衡理论的研究展开，尚处于一种发展起步阶段，大体以介绍、梳理该理论发展脉络和理论要点的文章为主，同时也有一些个别学者对理论进行了评价或批评，也有初步利用该理论，来简单分析一系列军事问题。

对攻防平衡理论进行过一定探讨的学者唐世平认为，攻防区分不是体现在具体武器属性上，而是体现在国家的军事力量部署态势（Military Posture）和国家战略倾向上，这和彼得尔、特普夫等人在观点上有着异曲同工之妙。他区分了两种攻防平衡理论，即客观的攻防平衡理论和主观的攻防平衡理

① 参见Karen Ruth Adams, "Attack and Conquer? International Anarchy and the Offense-Defense-Deterrence Balance," International Security, Vol. 23, No. 3, Winter 2003, pp. 45~83; Scott F. Creamer, "Assessing Offense-Defense Theory: A Structural Explanation for Intrastate War and Ethnic Conflict," Connecticut University Dissertation, 2009; David H. McIntyre, "Taming the Electric Chameleon: War, Offense-Defense Theory, and the Revolution in Military Affairs," Maryland University Dissertation, 1999; Jun Hyuk Park, "Offense, Defense, and Preventive Attack after World War II," Purdue University Dissertation, 2012; Yoav Gortzak, Yoram Z. Haftel, and Kevin Sweeney, "Offense-Defense Theory: An Empirical Assessment," Journal of Conflict Resolution, Vol. 49, No. 1, February 2005, pp. 67~89; Charles H. Anderton, "Toward a Mathematical Theory of the Offensive/Defensive Balance," International Studies Quarterly, Vol. 36, No. 1, March 1992, pp.75~99
② 参见Richard K. Betts, "Must War Find a Way? A Review Essay," International Security, Vol. 24, No. 2, Fall 1999, pp. 166~198; "The Soft Underbelly of American Primacy: Tactical Advantages of Terror," Political Science Quarterly, Vol. 117, No. 1, Spring 2002, pp. 19~36

论。客观的攻防平衡可细化为包含单纯技术因素的攻防平衡以及技术与其他因素结合的攻防平衡，前者将技术因素作为体系或结构变量，论述其对战争的爆发概率产生的影响作用或者说形成的一种制约，人的因素被排除在外，因而在客观实际中是不可操作的；而后者结合了太多诸如民族主义、可累积性资源、联盟等单元层次的因素，变量过于冗杂繁复，也使攻防平衡处于难以明确度量的尴尬境地。主观的攻防平衡理论则包含了政治家的心理认知，以及外交政策实施等因素的考察，但同样存在政治家对战争的决策，是真正建立在对攻防平衡的准确判断上还是相反等一系列必然产生的理论问题。

可以看出，唐世平对于攻防平衡理论的解释力，总体上来说是持较为保留与悲观意见的。而王伟光则更进一步，对于攻防平衡理论从根本上持批判和否定的观点[①]。他认为不但该理论的概念界定和理论逻辑上存在自相矛盾与诸多漏洞，在实证上也难以进行测量和检验，最关键的是，他提出攻防平衡理论本身，是一个无法进行实践指涉的"虚假"理论。王从元理论剖析的视角，来对攻防平衡理论进行了批判与"证伪"，认为攻防平衡理论的核心概念——攻防平衡，跟实践经验没有因果上的逻辑对应关系，即国家的战略、政策与攻防平衡没有因果上的联系，因而该理论没有任何理论价值。诚然，攻防平衡对国家战略选择起到决定性作用的观点，是一种为人诟病的"决定论"，但是认为国家战略决策完全不受攻防平衡的影响，现实中攻防平衡并不存在，则是从一个极端走向另一个极端。虽然王的文章对于反思攻防平衡理论，提出了一些不同寻常的角度，但是从根本上解构一个理论，很容易导致虚无主义，其观点并不是很让人信服。

刘红良则较准确地把握了攻防平衡理论在结构现实主义理论家族中的定位，比较了基于权势均势的、基于权势转移的和基于攻防平衡变动的三种

---

① 关于唐世平和王伟光的观点，参见Shiping Tang, "Offense-Defense Theory: Toward a Definitive Understanding," Chinese Journal of International Politics, Vol. 3, 2010, pp. 213~260; 王伟光："攻防平衡理论及其批判"，国际政治科学，2012年03期，第84~120页

结构现实主义理论分支理论，对攻防平衡理论的独特理论价值进行了肯定。韦宗友和李志刚也对攻防平衡理论的发展历程和理论谱系进行了梳理，指出了该理论存在的问题，以及面对的批评挑战，除却少数的结论有一些错误之外，还是较为系统地介绍了该理论[①]。

李彬结合攻防平衡理论探讨了国家的军事技术发展战略，尤其是军备控制问题，在其著作《军备控制理论与分析》中，介绍了攻防平衡理论在指导军备控制的众多理论中极其重要与独特的地位。在同邹明皓合写的文章中，利用攻防平衡理论来分析国家军事技术转型对于战争与和平概率的影响，将理论视角与实际案例相结合，切入点极为新颖，对于理论的论述和论证框架的建构也十分用心[②]，但是由于作者不假思索地将美国限定为"进攻方"，使得该文章随后得出的结论与应用效果极不理想，同其后国际政治现实的实际发展也不甚相符。

其他利用攻防平衡理论为理论视角，来对军事问题进行分析的是徐能武和徐进。徐能武简单套用攻防平衡理论，来显示美国外空间武器技术的进攻性，从而预测攻防平衡会不断向美国一侧倾斜，导致美国今后会更倾向于率先发动战争。作为一名有着浓厚军队背景的作者，徐虽然具备一定的军备知识与信息，但显然对于理论的解读过于肤浅，有生搬硬套强行服务于自己的结论之嫌，以至于得出了完全不符合后来历史事实的结论。徐进的两篇文章则显然深深受到凯尔·利伯理论观点的影响，认为攻防平衡理论对于技术，特别是军事技术的决定性作用过于夸大，军事技术不会自动决定军事战略，人的选择与主观能动性也同样起着作用。但他也承认短时期内国家只能转换

---

① 参见刘红良："论国际关系中有关权力分配的三种理论与战争"，国际论坛，2012年06期，第28~33页；韦宗友："攻防理论浅析"，现代国际关系，2002年06期，第57~62页；李志刚："攻防理论及其评价"，国际论坛，2004年06期，第5~10页

② 参见李彬：《军备控制理论与分析》，北京：国防工业出版社，2006年，第54~55页；邹明皓、李彬："美国军事转型对国际安全的影响——攻防理论的视角"，国际政治科学，2005年03期，第73~92页

军事战略来适应现有的军事技术，而赶不及发展新技术来适应现有军事战略，客观上其实还是肯定了技术的重要作用。徐对军事常识和战史有一定了解，论证清晰合理，揭示了技术终究是人所发明的，为人所使用的，强调技术与人的有机结合。虽然由于其预先假设的错位，做出了一些不太同现实发展相符合的结论，同时，他对攻防平衡理论的核心逻辑也采取了怀疑和保留的态度。然而其批评与建议，毕竟为重新审视和完善攻防平衡理论，提供了一个崭新的思路①。

中国台湾学者杨仕乐对于攻防平衡理论（原文中他将攻防平衡理论称为"攻守理论"）有着非常独到的见解与贡献。他首先澄清了针对攻防平衡理论的种种批评，譬如进攻和防御之间的区分、影响攻防平衡的理论要素、攻防平衡的实践检测等问题，皆是对于攻防平衡理论一定程度上的误读，攻防平衡理论经过更加明晰的表述，可以解决回应这些质疑；其次，对于现有攻防平衡理论中有关影响攻防平衡因素的分析，杨创造性地区分了具体战术层次和战略、作战层次，并且对格莱瑟和考夫曼分析的技术六要素进行了完善，添加了"射程"等因素；此外，利用案例比较验证与独立完成的实验设计，一定程度在实证上检验了攻防平衡理论的解释效力②。

① 参见徐能武："21世纪初美国外空攻防对抗准备论析——基于攻防理论的视角"，外交评论，2013年03期，第79~92页；"攻防理论视域下外空攻防对比态势的历史演变"，军事历史，2015年05期，第66~70页；徐进："进攻崇拜：一个理论神话的破灭"，世界经济与政治，2010年02期，第83~100页；"军事技术变化与军事战略转型"，国际政治科学，2005年03期，第44~72页
② 参见杨仕乐："攻击——防御理论、空权发展与台海稳定"，全球政治评论，2003年第三期，第155~169页；"攻守理论的实证检验：案例比较研究1914~1973"，政治科学论丛，2007年第三十三期，第117~150页；"攻守理论争辩之评析"，问题与研究，2005年第一期，第141~167页；I Yuan, "Cooperation and Conflict: The Offense-Defense Balance in Cross-Strait," Issues & Studies, Vol. 33, No. 2, February 1997, pp. 1~20

1.4 本作采用的研究方法

研究方法是顺利完成学术理论研究的有效途径，适切的研究方法，能够对学术课题研究起到极大的帮助作用。本作计划采用以下研究方法来展开研究：

1.4.1 文献分析研究方法

文献分析研究方法是根据研究议题，通过搜集、查阅相关理论文献来获取资料和相关知识，从而较为全面、系统地了解所要研究探讨的研究问题的一种重要的研究方法。文献分析研究法是社会科学研究最常用到的研究方法，被广泛地使用于各种理论课题的研究中。通过对文献的梳理剖析，能够了解理论问题的发展历史和研究现状，形成对于研究问题的全局印象，有助于进一步理解理论，帮助发现需要探究的理论问题。

1.4.2 案例分析研究方法

案例分析研究方法是国际关系理论研究中极为普遍与重要的研究方法。理论源自对于历史经验的归纳与概括，是对现实经验的精炼与提纯。一个理论在构建之后，最终还是要回归到经验案例中去得到验证与应用。任何社会科学的理论研究，都是不能脱离经验案例的，将理论视角与案例分析相结合，这样才能够检验、反思理论，成功达到研究的目的。

1.4.3　比较分析研究方法

比较分析研究方法能够直观地展现出理论的内在特征，及其与整个理论谱系之间的关系，是社会科学研究中经常采用到的，极为重要的研究方法。通过比较不同的理论，通过比较理论不同的侧重因素，通过比较不同的案例，通过比较案例不同的变量方面，可以对评价各个理论、各个案例的理论价值和解释力量，为完成研究目的，检验研究结果，提供极为重要的参考。

1.4.4　归纳与演绎结合研究方法

归纳研究方法是理论研究必然要采用到的研究方法。理论是对现实经验的归纳、提炼与概括，通过对既有理论成果或历史经验的总结归纳，从而提炼出理论的核心要点或核心假设，而面对变化的现实条件，也能够相应的归纳出适应该变化的新的假设。与此同时，再采用演绎研究方法，对理论假设进行大胆的拓展和验证，从而对未来的可能现实提供解释和预测。将归纳研究方法和演绎研究方法相结合，可以通过对历史经验教益的总结，为今后可能性事态的把握，提供指向和帮助。

1.5　本作的内容展开结构

本书将计划按照以下的次序结构，来展开和进行研究。在第一章的导论部分，首先将明确本作所需要研究的议题对象——攻防平衡理论及其修正与完善，以及这一议题提出的相关背景。随后阐明本作选择研究攻防平衡理论及其相关问题这一研究议题的理由和目的，以及研究可能带来的理论和现实意义。作为研究的起点，接下来的部分将对攻防平衡理论的相关文献和研究情况进行简单的介绍梳理，以便对该理论的历史发展脉络和理论研究程度，有一个宏观总体性的把握。最后，扼要说明本作研究中将要采用到的研究方法与研究结构。

接下来的第二章里，将正式进入对于攻防平衡理论自身理论发展的探究。该理论是怎样产生的？在产生之前有着怎样的理论渊源和历史背景？又是如何不断得到补充、完善和发展的？在解答完这些问题后，本书会对攻防平衡理论的核心理论框架进行分析和明确。一个理论的核心概念和重要变量有哪些，需要进行清晰的阐述，以此作为基础，才能进入接下来的研究。由于存在不同分支流派的攻防平衡理论，对于不同理论的不同表述和各自的不同侧重，应该如何对攻防平衡理论谱系进行分类？对于不同理论中的共通部分，具体来说，对于理论的核心主流概念，进行更加明晰的限定，才能帮助实现下一章的目的，即本书试图尝试的对于攻防平衡理论进行修正与完善。最后的部分则要了解学界针对攻防平衡理论的一些批评，以及该理论自身面对批评时所进行的一些回应，进而对攻防平衡理论自身，进行再度的审视和反思。

在新的时代条件下，新技术革命带来的技术变革和发展，对现有的攻防平衡理论，提出了各种挑战，带来了一些问题。而其中最主要的挑战，就是技术变化导致了国际政治中冲突与战争形态特征的变化，以及原有攻防平衡因素的变化。攻防平衡理论需要进行适应时代技术变化特征的修正与完善，以更好地应对这种挑战。这自然也就引出了第三、四章的研究要义，即对攻防平衡理论进行进一步的改进。即便经过以往众多的学者们对该理论的不断补充与辩护，攻防平衡理论仍然需要进行边际性改进。改进的方向主要在以下几个方面：一方面要扩大攻防平衡理论的理论场域，也就是拓展该理论的解释领域；其次要根据技术的发展变化情况，引入新的考察因素，对理论概念进行丰富；同时，还要注意原有变量因素在新技术条件下产生的新变化。经过这些改进后，攻防平衡理论同改进前的理论存在着继承和发展的关系，具有相对更大的解释力，而验证攻防平衡理论在改进后的解释力，需要对历史案例进行分析研究。

余下的第五章，就是用案例来验证改进后的攻防平衡理论的理论假设和解释能力。本书研究的初衷是在面对新技术革命的挑战下，攻防平衡理论如何应对这一变化和挑战，从而对自身进行修正和完善。但是由于新的技术革命正在发展过程之中，尚没有理想的现实案例，可以提供直接的验证，因此本书决意通过间接案例验证的方法，来考察改进后的攻防平衡理论的解释效力。本书选取历史上最近似于当今新技术变化特征和方向的一个实际案例，即两次世界大战期间美日在西太平洋地区展开的军备竞赛和国家冲突。不但可以用这一历史案例，来间接验证攻防平衡理论在应对当今新技术变化挑战的解释能力，同时还能够比较其他国际关系理论，特别是改进前的攻防平衡理论，对于这一案例各自的解释效力，从而更加全面适切地解释这一历史案例，同时也变相地论证了本研究工作的有效性，即对攻防平衡理论进行修正和完善的有效意义。

通过上面章节一定程度上的间接性案例论证，攻防平衡理论得到了改进、修正与完善，且这种边际性改进的有效性，还得到了一定程度上的验证。然而对于攻防平衡理论的研究工作，还远远没有得到完成。在最后一章的结论与思考部分，将针对今后攻防平衡理论的发展可能和后续研究议程，进行一些初步的思考，并再一次回顾攻防平衡理论的理论价值，及其对于国际关系理论学科发展的重要意义，当然，还有改进后的攻防平衡理论，对于当今各国的现实性启发意义。在接下来的各个章节，本作将按照上述这一逻辑框架，相继依次展开对于攻防平衡理论的相关研究。

第2章 攻防平衡理论的发展

2.1 攻防平衡理论的理论发展

　　攻防平衡理论自20世纪七十年代末被正式系统的提出以来，已经有着四十余年的发展历史，涌现了众多探讨该理论的国际关系学者，发展了极为丰富的理论文献成果，产生了各异的理论论述和观点，引发了国际关系学界长久以来的关注与讨论。在深入研究攻防平衡理论本身的修正完善之前，对攻防平衡理论漫长的发展历史和各有特点的学者流派进行预先了解，会为之后更好地深入理解并进一步优化攻防平衡理论，起到巨大的帮助与启示作用。由于学界一致认为罗伯特·杰维斯是攻防平衡理论的正式提出者和最主要的代表人物，在回顾攻防平衡理论发展的历史过程中，以杰维斯这个人物作为时段的分割点，是比较鲜明和妥当的分期方法。

2.1.1 杰维斯之前关于攻防平衡的早期探讨

　　尽管杰维斯在1978年的《安全困境下的合作》这篇文章中，提出了攻防平衡的概念，被普遍认为是攻防平衡理论的创始人。然而，早在杰维斯之前，国际关系学者和历史学者，以及军事学者就已经开始了有关进攻与防御之间关系的讨论。攻防平衡与战争概率之间可能关系的探讨，更是有着极为悠久的历史。古代希腊的战争史学家修昔底德，在研究伯罗奔尼撒战争历史时，就针对雅典与斯巴达之间的战争进程，提到了进攻与防御之间的关系[①]。他认为能够有效选择战场，在备战上有所准备，以逸待劳的西西里军队，相比长途劳顿，奔袭进入敌方战场的雅典远征军来说，相对占据了防御的优势；雅典在同斯巴达的战争中，善于根据自己的优势，将后者的进军地区和交锋战场引导至自己所选择的地区，从而通常能够有效地发挥防御一方的长处。

对进攻与防御之间的相对关系，即攻防平衡的最早探讨，可以追溯到19世纪普鲁士著名的军事学家、战争史家克劳塞维茨。在他闻名于世的经典军事理论著作《战争论》中，专门开辟了一系列章节来讨论进攻与防御的问题[②]。克劳塞维茨认为，由于防御这种作战方式在效果上，一般来说比进攻这种作战方式要强，因此，如果一方能够在战争的目标上提出较少的目的和要求，这一方就完全可以利用防御这种相对效果较强的作战形式，来更有效地获得自己的利益。防御占优的现象是客观存在的，可以在战争历史案例中屡屡找到例证，同时往往也可以解释战争有时为何会进入僵持乃至停滞的阶段。克劳塞维茨之所以能够倡导和主张"合理的战争"，认为战争应当在目的和手段上有所节制，服务于政治乃至国家战略的大目标，理想的战争应当是"有限战争"，跟他凭借一名军人和历史学家的直觉，从时代技术发展的脉搏中，敏锐地感知到防御相对占据优势的大趋势，从而认识到防御一方更为有利这一点，不能说没有一定关系。

克劳塞维茨隐隐的担忧，很快在随后的世界历史中不幸成为现实。总体战、消耗战等新的战场形势，配合以新的武器技术，将防御的优势以极为悲

---

① 参见George H. Quester, *Offense and Defense in the International System*, John Wiley and Sons, 1977, pp. 1~2

② 主要见于战争论的第七、八、九章节, 参见Carl von Clausewitz, *On War*, edited and translated by Michael Howard and Peter Paret, Princeton University Press, 1989, pp. 557~595

剧性的形式，展现在人们面前。第一次世界大战的灾难过后，国际社会兴起了反对战争和权力政治，主张通过国际组织和国际法规来促进国际合作，实现世界和平的思潮与行动。军备控制自然也是该运动中至关重要的一环[①]。在20世纪二三十年代，早期的军控专家们清楚地认识到了攻防平衡与战争爆发之间的关联关系，尽管没有明确的理论，来支撑这一初步萌发的认识。这些专家们认为，进攻性武器和防御性武器能够区分开来，是进攻性武器而不是防御性武器，诱导国家发动了战争，应当对前者予以销毁。尽管随后在武器的攻防属性上的辨别标准，以及军备裁减的监督制度上，这些早期军控学者遭遇了诸多困难，暴露了自身尚且思想稚嫩的局限性，但是隐约认识到攻防平衡对于战争和军备竞赛的影响作用，为冷战期间新一代军控理论家们的活跃提供了启迪与教训。

五六十年代，世界进入了美苏冷战对峙的历史阶段，核武器的巨大毁伤威力，使得关于避免战争悲剧的研究，成为国际关系学科内十分迫切重要的课题，攻防平衡再次被学者们所认识和注意到。昆西·赖特在其经典著作《战争研究》中，详细论述了在进攻和防御分别占据优势的情况下，可能跟战争相关联的一些结果。赖特指出，当进攻占优时，战争的可能性会增加，战争的持续时间会缩短，成本变得低廉，从而国际体系中的扩张、吞并现象会增多，进而产生帝国，国际体系中国家总的数目会减少；而当防御占优时，征服和扩张变得困难，帝国会解体，许多国家和地区会独立，国家总的数目增加，世界政治议题中战争的重要性和优先度会降低。斯坦尼斯拉夫·安德列斯基（Stanislav Andreski）也做出了类似的判断，认为进攻占据优势时，会为帝国中央政府征服、控制特定地区提供方便，反之则亦然[②]。

---

① 参见Hans J. Morgenthau, *Politics Among Nations: The Struggle for Power and Peace*, McGraw-Hill, 1993, pp. 429~431

② 参见Quincy Wright, *A Study of War*, Chicago University Press, 1965, pp. 292~293; Stanislav Andreski, *Military Organization and Society*, California University Press, 1968, pp. 75~76

　　随着美苏冷战进入七十年代，出现了两个新的变化：一是冷战的强度变得愈发紧张，美苏核武器之间的竞赛愈发激烈，双方的战略政策也变得愈发得咄咄逼人，对军备竞赛和战争原因的研究，变得愈发紧迫；二是结构主义研究范式开始在社会科学领域得到兴起和普及，并进入到了国际关系学科领域的研究中。攻防平衡，作为很大程度上的一种结构变量，同权势分布等体系因素一样，得到了学者们的重视和讨论。就在杰维斯发表《安全困境下的合作》一文的前一年，战争史学家、国际关系学者乔治·奎斯特，就已经出版了《国际体系中的进攻与防御》这本优秀的国际关系学与战争史学著作。从该书的标题就可以看出，奎斯特结合历史不同时期的不同案例，将进攻与防御之间的相对优势关系，作为自己理论研讨的核心重点，并且认为攻防平衡与战争的难易程度之间的关系，并不受国家层面因素的影响，不管国家的主观动机是具有侵略性的政策目标，还是满足于维护现状，如果是时的技术发展情况不利于进攻或有利于防御，那么这个国家就不太可能发动战争[1]，反之则亦然如此。奎斯特其实在表明，攻防平衡同战争爆发概率之间，的确存在着影响关系，而且攻防平衡作为一个体系结构变量，可以对持有不同政策目标的不同国家，施加以同样或近似的影响或制约，从而使得这些国家做出近似的行为选择。

　　奎斯特的理论，可以说已经具备攻防平衡理论的雏形，其之所以没有被人们视作早于杰维斯开创攻防平衡理论的学者，一方面是由于奎斯特对于攻防平衡的表述还不够清晰明确，跟同时代的许多其他结构现实主义理论概念的表述较为类似，因而没有被视作一个崭新的独立理论；另一方面，奎斯特采用的许多案例，具有较强的军事专业性，容易被视作一本军事史研究著作[2]，对进攻

---

① 参见George H. Quester, *Offense and Defense in the International System*, John Wiley and Sons, 1977, pp. 192~193

② 无疑这的确也是一本非常杰出的军事史著作, 参见George H. Quester, *Offense and Defense in the International System*, John Wiley and Sons, 1977, pp. 198~199

和防御关系的研究也仅仅停留在军事层面，没有进行国际关系学科方面的延伸。因而他的理论及相关著作，没有被视作攻防平衡理论正式产生的标志，也是可以理解的。但是，奎斯特对于攻防平衡的探讨，其贡献决然不在杰维斯之下，是攻防平衡主流理论的代表人物。

同乔治·奎斯特一样，在自己的理论研究中实际上涉及了攻防平衡与战争之间的隐含关系，但是没有明确将其作为独立对象来说明的，还有新现实主义的著名代表学者罗伯特·吉尔平。吉尔平的《世界政治中的战争与变革》一书，既是对现实主义有关霸权周期及其转移、霸权稳定等重要理论的经典论述，也是涉及攻防平衡理论的重要参考著作[①]。吉尔平理论的一个重要假设，就是军事技术和经济水平的发展，会影响和改变国家进行扩张、征服以及维持权势的成本。当技术发展导致征服更加有利可图，维持霸权的成本远远小于扩张所带来的收益的时候，国家更有动机和意愿发动战争来扩张，国家间的战争会十分频繁；反之当征服扩张和保持既有权势，变得成本更加高昂的时候，国家的权势会收缩甚至衰落，发动扩张战争就会更加得不偿失，国家发动战争会更加的谨慎，国家间战争的频率自然也会下降[②]。这其实已经就是进攻占优和防御占优的近似性表述了，吉尔平虽然没有使用攻防平衡这个词语来明确表达，但其实质是论述了攻防平衡与战争频率，攻防平衡与国家权势扩张、收缩乃至霸权上升、衰落之间的关系。攻防平衡理论在吉尔平手中，不只是一个分析战争原因的因素，还是在一个更大的层面上，某种程度上将其作为分析霸权兴衰的一种工具。

---

① 参见Robert Gilpin, *War and Change in World Politics*, Cambridge University Press, 1981, pp. 35~41

② 参见Robert Gilpin, *War and Change in World Politics*, Cambridge University Press, 1981, pp. 119~122

2.1.2　杰维斯与攻防平衡理论的产生

　　每当提到攻防平衡理论，必然要提到罗伯特·杰维斯的名字。杰维斯对于攻防平衡理论的意义与地位，如何进行强调都不会过分。研究攻防平衡理论，杰维斯和他的文献，是必然要研究的。本作其余部分也会多次反复谈及杰维斯及他的攻防平衡理论，这里先简单阐述几点关于杰维斯理论的中心要点。

　　作为众多研究安全议题的防御性现实主义代表人物之一的杰维斯，在提出攻防平衡理论框架之时，主要是立足于有关安全困境的研究。同时代流行的以国际体系中各个国家之间权势的相对分配，即权势均衡模式，是研究国家间关系的主要理论路径。然而从权势分布，或者说传统均势角度，来研究安全以及冲突与合作等问题时，往往会遭遇到均势功能失效的情况，进而造成国家间关系的紧张，导致冲突与战争可能性上升等局面[①]。国家间的关系中，特别是会产生安全困境这一矛盾现象，即国家愈发通过增强自己的权势，来追求自身的安全，愈会使周围国家产生不安全感，从而也加强军备，进行权势扩张来应对前者的"威胁"，从而进入一个螺旋上升、自我实现的恶性循环，反而使得各个国家较之前更加的不安全，冲突乃至战争更容易爆发[②]。这也是从传统权势角度来研究国家间关系，往往会得出合作难以形成的这一悲观图景的一个重要原因。

　　杰维斯在旧有的研究安全困境的权势均衡角度之基础上，开辟性地加入了攻防平衡的因素。通过引入攻防平衡，就可以通过对进攻、防御之间相

---

① 参见Hans J. Morgenthau, *Politics Among Nations: The Struggle for Power and Peace*, McGraw-Hill, 1993, pp. 240~254

② 参见Charles L. Glaser, "The Security Dilemma Revisited," World Politics, Vol. 50, No. 1, October 1997, pp. 171~201

对优势的分析，帮助缓解安全困境，促进国家更容易地实现合作。杰维斯提出，在国家的进攻和防御政策或目标可以相对区分开来的基础上，且当防御相对占优的环境条件下，意味着国家相比较攻击其他国家的领土和军队来说，可以以相对更低的成本来防御自己的领土、军队。即使发展一定数量的军备，扩张一定的权势，也只会更多地服务于自己的防御性目标，在较大地提高自己安全的程度的同时，又相对较少程度地造成了对其他国家安全的威胁。在这样一个大环境下，国家通过发展防御性的力量和目标，显示防御性的政策和姿态，并且各个国家都互相认识到了彼此的这种防御性倾向，以及防御占优的总体现状，就会更少地将彼此视作威胁，从而一定程度上抵消安全困境的制约，更好地实现合作[①]。

　　攻防平衡的引入，还可以努力改变现实主义，特别是新现实主义一直存在的一种对于国际合作的悲观性思想传统。由于无政府状态和安全困境的制约作用，导致在国际体系中，安全是一个相对宝贵和稀缺的东西。国家宛若被困的囚徒，对于威胁、背叛极度敏感，因而对于"相对收益"更加在乎，甚至宁愿放弃合作可能带来的绝对收益，也要避免被对方诱骗利用导致丧失安全的风险。对于相对收益的过度关注这一点，也一直是新现实主义对于国际合作持怀疑态度，进而遭到新自由主义为代表的其他理论学派所诟病的。攻防平衡可以为现实主义的这种悲观论调进行较为乐观的缓解[②]。一方面，攻防平衡在防御占优的情况下，会使得各个国家在同征服威胁他国相比，防御自身安全更为节约成本和占据有利地位，因而使得国家的安全相对地提高了，更不容易受到伤害，因此国家对于威胁的容忍度会变大，担心欺骗和背叛的程度会变小，于是，对于相对收益也不再过度敏感，从而能够更加有耐

① 参见Robert L. Jervis, "Cooperation Under the Security Dilemma," World Politics, Vol. 63, No. 3, January 1978, pp. 167~214

② 参见Charles L. Glaser and Chaim Kaufmann, *Rational Theory of International Politics: The Logic of Competition and Cooperation*, Princeton University Press, 2010, pp. 235~238

心地进行合作。另一方面，防御占优会使得征服变得相对困难，即使有恶意背叛他国，采取突袭进攻的修正主义国家存在，由于防御的相对优势，进攻过程会变得更加艰难而耗时，使得防御一方的国家可以更加从容不迫地展开下一步的反攻或者外交斡旋行动，从而使得体系内各个国家，对于自身防御与安全，更为从容自信，对偶尔出现的侵略性国家应对更加自如，更有利于促进相互合作的良好大氛围的形成。引入了攻防平衡的新现实主义理论，成为一种相对乐观的现实主义理论[①]。

攻防平衡在防御占优的情况下，可以促进国家间合作，降低战争发生的概率，反之也是同样道理。杰维斯用了下面的一个图表，来展示在进攻还是防御占优的不同情况下，再考虑到在攻防之间能否得到区分等不同背景条件下，攻防平衡会对安全困境作用的缓解程度，以及对于战争与和平概率之间的影响关系。杰维斯将其称为四个可能的（平行）世界：

表1　杰维斯的四个（平行）世界[②]

	进攻占优	防御占优
攻防相对无法区分	国家对彼此皆危险	存在安全困境 但是国家彼此政策可以实现部分相容 合作相对可能
攻防相对可以区分	不存在安全困境 但是侵略性行为有可能产生 然而防御国家可以拥有更多的政策选择 进攻可以得到预警	国家对彼此皆安全

在第一个平行世界中，攻防无法相对得到区分，同时进攻占据优势，率先采取进攻性的目标和行动，对各个国家来说更为经济，更为有利可图，

---

① 参见Robert L. Jervis, "Cooperation Under the Security Dilemma," World Politics, Vol. 63, No. 3, January 1978, pp. 167~214; "From Balance to Concert: A Study in International Security Cooperation," World Politics, Vol. 38, No. 1, October 1985, pp. 58~79

② 该表格来自Robert L. Jervis, "Cooperation Under the Security Dilemma," World Politics, Vol. 63, No. 3, January 1978, pp. 167~214

因而更具有诱惑性，因此各个国家会优先倾向于选择进攻性的姿态。同时，国家也会很难辨识到彼此的选择倾向，会将对方都视作潜在的威胁和危险，进攻带来的优势也会使得国家更加不安全，局面会极为紧张，冲突与战争的概率极高。这样的世界是安全困境极为严重的世界，也是一个比较糟糕的世界，历史上很多次战争爆发之前的国际局势，都和这种情况十分类似。

第二个世界是最接近杰维斯所在的那个冷战时代的世界。虽然进攻和防御还没有得到很好的相对区分，但是由于防御占据优势，国家基本都倾向于防御性的政策、姿态。虽然由于攻防识别的困难，国家可能无法确定彼此究竟是在采取进攻性姿态，还是防御性姿态，然而由于认识到防御占优的客观现实，国家对于自身的安全会更加从容和自信，对于合作和利益之间的谈判，以及彼此政策之间的相容，能够相对更加耐心地进行努力斡旋和交涉，因此是一个虽然一定程度上存在安全困境，但是大有可能实现合作的世界①。

在第三个世界里面，进攻占据优势，各个国家有很大理由和可能，会采取进攻性目标或行动。但是在这个世界里，国家依然可以是安全的。这是因为，虽然进攻相对占据优势，然而由于攻防可以得到较为明显的区分，国家可以识别出彼此的目标是潜在进攻性的，还是防御性的。因此对于可能出现的进攻者国家，会通过观察判断，得到预先的警告，从而更为及时有效地予以应对。与此同时，由于进攻占据优势，处于相对防御一方的国家既可以单纯采用防御本土的战略选择，也可以选择在得到预警时，进行积极的防御，主动进行预防性打击，从而在国土之外防御自身安全，挫败对方的侵攻企图。因此，相对进攻者来说，防御一侧国家的战略选择性，更加灵活多样。进攻占优会导致冲突爆发的可能性相对增高，但是与此同时，攻防识别鲜明可以使国家对彼此的动态更有把握，因而安全困境的强度并不是很严重，国家依然可以维护自身安全，实现一定程度的合作。

---

① 参见Robert L. Jervis, "Cooperation Under the Security Dilemma," World Politics, Vol. 63, No. 3, January 1978, pp. 167~214

最后一个世界，是杰维斯认为最为理想的世界，也是攻防平衡理论所要努力帮助去营造的一个世界[①]。在这个世界里，攻防可以得到相对区分，国家对彼此的意图充分了解，同时，防御带来的相对优势，会促使各个国家都优先采取防御性的目标和政策，从而有效地打破了安全困境的制约与束缚，国家间合作会更加容易实现，冲突乃至战争的概率会大大降低。在这个杰维斯认为可以达到的世界里，攻防平衡这一因素的引入，使得传统的权势均衡视角所不能解决的安全困境问题，得到了更好的解决，从而使得现实主义国际关系理论，也有了属于自己的合作方面的理论。现实主义通过防御性的、温和的现实主义理论的完善，也不再是只有追逐权势，充满冲突的悲观色彩的理论[②]。

要达到实现第四个世界这一最终目标，区分攻防平衡成为和认识攻防平衡自身几乎同样重要的理论任务。杰维斯对此任务的完成还是相对乐观的，武器的进攻属性和防御属性可能无法得到区分，但是进攻和防御的目标、行为，却可以得到相对的区分。譬如他指出了自身所处时代最具代表性的典型事物——战略核力量，他认为国家如果发展和实施保证相互确保摧毁的核军备政策，就可以被视作防御性的，而不是进攻性的行为。具体来说，一个国家发展二次核打击能力，即确保发动反击并保证相互摧毁的能力，是防御性的行为。如果国家要发展精确拦截对方战略导弹，特别是发展某些军事力量，意图打击和狙杀如对方发射车辆、潜艇等在内的二次核打击能力载具和目标时，这相反就是一种进攻性的发展倾向。同核武器军备发展类似，一个国家发展常规军备的目标和行为，也会多少指示出相对的进攻性或防御性倾

---

① 参见Robert L. Jervis, "From Balance to Concert: A Study in International Security Cooperation," World Politics, Vol. 38, No. 1, October 1985, pp. 58~79

② 参见Charles L. Glaser, "Realists as Optimists: Cooperation as Self-Help," International Security, Vol. 19, No. 3, Winter 1994, pp. 50~90

向，等等①。遗憾的是，杰维斯对于攻防区分的问题，只是简要地带过了，并留下了许多问题与争议。其个中缘由也可以理解，毕竟他是"最开始吃螃蟹的人"。杰维斯率先主动和有意识地把攻防平衡作为一种独立变量，用来分析国家间安全问题，特别是服务于解决安全困境问题，开创了一个崭新领域和路径，然而他本人也并没能想到能够把它作为日后的一个独立理论流派来深入展开，一些思考当时也在酝酿之中。作为一种理论，杰维斯的攻防平衡理论还不够十足的成熟，还有待后续学者的不断跟进、补充与丰富完善。

2.1.3　杰维斯之后的诸学者对攻防平衡理论的发展

进入八十年代之后，攻防平衡理论相关研究上，涌现了更多的学者和专家，他们在杰维斯研究成果的基础上，对攻防平衡理论进行了进一步的发展。范·艾弗拉和杰克·斯奈德通过引入国内层面以及观念认知等各方面的新的解释因素，拓展了理论的解释领域。以范·艾弗拉等为代表的这种理论，其实就是通过增加大量新的变量，将攻防平衡塑造成一种无所不包，近似于国家相对权势的一种状态，因此适合分析特定单独国家的外交政策和军事战略，按照林–琼斯的话来说，范·艾弗拉等人将攻防平衡理论完全从体系结构理论，变成了一种政策分析理论②。那么在范·艾弗拉的研究范式中，攻防平衡是否还是一个核心重要自变量，答案可能会是微妙的。他与其说发展了攻防平衡理论，不如说是发展出了一种并不稀奇的安全政策理论，与他本人的研究初衷可以说相距甚远。

---

① 参见Robert L. Jervis, "Arms Control, Stability, and the Causes of War," Political Science Quarterly, Vol. 108, No. 2, Summer 1993, pp. 239~253

② 关于林–琼斯对范·艾弗拉等人的批评，见于Sean M. Lynn-Jones, "Does Offense-Defense Theory Have a Future?" International Security, Draft in 2001, pp. 5~38; "Offense-Defense Theory and Its Critics," Security Studies, Vol. 4, No. 4, Summer 1995, pp. 660~691

其实，相比较其对于实际存在的攻防平衡的讨论，范·艾弗拉在描绘认知中的攻防平衡这一点上，反而有着更多的新颖性和开拓性。虽然杰维斯曾经涉及认知同国家政策之间的可能关系，范·艾弗拉通过攻防平衡认知这一有突出特点和意义的分析视角，对该研究路径进行了深入发展。但是，研究认知中的攻防平衡的理论，是否是一种严格意义上攻防平衡理论，这一点其实引来了很多的质疑，因为这涉及国家及其领导集团的认知，同实际存在的客观现实相符合程度的一个问题。范·艾弗拉本人对于自身理论研究的这一点，也是有一定程度的自觉的。他承认认知中的攻防平衡同实际存在的攻防平衡往往不相一致，并认为第一次世界大战的原因很大程度上就是因为两者的南辕北辙造成的[①]。他也认为研究观念认知中的攻防平衡和研究客观的攻防平衡，不是同一方面的研究，往往会得出不同的结论。但是他认为，当涉及冲突或战争的各方都存在一定的错误认知时，错误认知和错误认知的影响，往往可以达到一定程度上的相互抵消。

斯奈德似乎走得更远，他认为甚至连国家对于攻防平衡的错误的认知，其实也是来源于国内各种政治组织之间的博弈，以及国家联盟形态等特点导致的结果。通过对国内政治集团的分析，可以得悉国家领导决策者们的错误的认知是怎样产生的。同克里斯坦森在联盟问题上的合作研究，也从国家间互动的角度，揭示了国家互动及国家联盟状态，对于进攻与防御相对难度比较之间的选择。在国家联盟特征模式上，斯奈德和克里斯坦森使用并分析了两种情景概念，一种是锁链囚徒（Chain Gangs），一种是责任推诿（Passed Bucks）[②]。当联盟伙伴对于某个国家来说极为关键和重要的情况下，由于害怕失去这个联盟

---

① 参见Steven Van Evera, "The Cult of the Offensive and the Origins of the First World War," International Security, Vol. 9, No. 1, Summer 1984, pp. 58~107

② 参见Jack L. Snyder and Thomas J. Christensen, "Chain Gangs and Passed Bucks: Predicting Alliance Patterns in Multipolarity," International Organization, Vol. 44, No. 2, Spring 1990, pp. 137~168

伙伴，不得不向其提供超出自身安全实际需要的一些战略担保和责任，因此联盟内的各个国家会像被锁在一根锁链上的囚徒们一样，互相牵扯，进而容易将彼此带入冲突和战争的泥潭，体系内倡导进攻的冒失行为将日益增多；而反过来，当各个国家对联盟的需要不是很迫切，国家则倾向于将应对安全威胁的责任推卸给其他国家，自己则更多关注自身事务，对于联盟内的共同议题则采取搭便车的消极态度。斯奈德和克里斯坦森认为这两种情况，都不利于冲突的避免和合作的达成，而两人理论的核心观点，就是认为国家之间的互动，也应当对攻防平衡产生一定的影响，特别是在一个权势多极化的国际体系里面①，但是这种视角，令人们对于攻防平衡实际影响的分析，变得有些迷惑和混乱，因此也同范·艾弗拉的理论观点一样，遭受了不少学者的批评②。

格莱瑟和考夫曼在对攻防平衡理论的研究工作中，做出了突破性的贡献。对于攻防平衡理论在定义、概念上的细化与完善方面，两人在对攻防平衡的定义上，在杰维斯的基础上进行了进一步明确化和正规化。攻防平衡既代表了进攻与防御之间成本的相对比较，又代表了国家将权势、资源转化为威胁或实现安全的难易程度之比，因此可以和国家权势、军事水平等变量一起，共同帮助探讨战争或冲突的概率，分析安全困境的强度等重要国际政治问题③。在攻防平衡理论的可操作性问题上，两人也进行了细致化、具体化：一方面，就是对于影响攻防平衡的因素，尤其是其中最为核心和关键的技术因素，对其进行了更深入一层的细致考察，将其中蕴含的六大要素，即机动性、火力、防护、后勤、通讯以及侦察这六个方面，进行依次具体的分析，

---

① 参见Jack L. Snyder and Thomas J. Christensen, "Multipolarity, Perceptions, and the Tragedy of 1914," International Studies Quarterly, Vol. 55, No. 2, June 2011, pp. 305~308

② 参见Jack S. Levy, "Everyone's Favored Year for War-or Not?" International Security, Vol. 39, No. 4, Spring 2015, pp. 208~217

③ 参见Charles L. Glaser and Chaim Kaufmann, "What is the Offense-Defense Balance and Can We Measure It?" International Security, Vol. 22, No. 4, Spring 1998, pp. 44~82

使得影响攻防平衡的因素更加明晰具体；另一方面，就是将分析攻防平衡的问题，巧妙地转换成了分析攻防之间相对成本的净评估问题，从而部分地解决了攻防平衡无法被准确把握和测量的这一问题。两人的这些努力，使得攻防平衡理论在应用上更加明确、具体，富有针对性，而他们分析研究六大技术因素的相关结论，也为本作在随后对于攻防平衡理论的相关改进完善，提供了坚实有效的理论基础。

格莱瑟是较早研究攻防平衡和国家对于相对收益在意程度之间相互关系的学者之一。当国际体系内相对进攻占优的情况下，这种局面会让国家更加的不安全，各个国家对自身更加没有安全感，从而更加缺乏合作的信心和耐心，也会更加在意相对收益，因此合作相对更加难以达成；相反，在国际体系呈现防御占优的情况下，各个国家对自身的安全会更加有信心，在处理各种国家间问题或谈判时，会更加从容，也会更加倾向于合作和共同获利，也就是会更多地认同绝对收益。考夫曼则是较早利用攻防平衡理论，来研究国内内战和种族冲突问题的国际关系学者[①]，虽然他得出的一些结论仍然十分粗糙，但无疑开创了攻防平衡理论一个可能的新的研究领域。

格莱瑟和考夫曼对于攻防平衡理论在杰维斯之后的发展，可以说做出了非常重要的理论贡献，虽然两人的理论也存在一些需要批评的地方。正如林-琼斯曾经指出的那样[②]，格莱瑟和考夫曼对于攻防平衡影响因素的选取中，尽管排除了一些单元层次的变量，但还是引入了一些非结构层次的变量，如军队规模、资源累计度和民族主义等方面的因素，使得攻防平衡一定程度上变得模糊庞杂，变得不好测量，这在某种程度上反而抵消了前面两人对于细化

[①] 格莱瑟有关攻防平衡和相对收益之间关系的讨论，参见Charles L. Glaser, "The Security Dilemma Revisited," World Politics, Vol. 50, No. 1, October 1997, pp. 171~201；有关考夫曼对于族群冲突分析的讨论，参见Chaim Kaufmann, "Possible and Impossible Solutions to Ethnic Civil Wars," International Security, Vol. 20, No. 4, Spring 1996, pp. 136~175

[②] 参见Sean M. Lynn-Jones, "Offense-Defense Theory and Its Critics," Security Studies, Vol. 4, No. 4, Summer 1995, pp. 660~691

攻防平衡，所做的一些非常有意义的工作。然而，格莱瑟和考夫曼作为攻防平衡理论发展过程中的重要人物，他们的理论成果是必须值得肯定甚至赞赏的。

2.1.4 后冷战时代攻防平衡理论的再发展

进入九十年代后，随着以苏联为首的华约阵营的崩溃和瓦解，历时近半个世纪的冷战，终于画上了句号。在冷战结束后的新历史时期，诞生于冷战时代背景的攻防平衡理论，面临着新的发展阶段的问题与任务。一方面，是需要对攻防平衡理论一直以来的发展历史，进行系统性的梳理、总结和回顾，厘清理论谱系和相关理论框架。另一方面，针对攻防平衡理论，学界也已经产生了不少批评的观点和声音，这些批评目前还处于分散于不同方向，着眼于不同重点的凌乱阶段，需要也对批评质疑的观点进行归纳统一，逐条梳理，从而更加明确地来回应各种批评。希姆·林–琼斯就是攻防平衡理论发展过程中，处于这样一个承上启下，对理论进行系统总结梳理的一个出色学者，也是攻防平衡理论研究历史发展过程中的关键人物。

林–琼斯较为出色地完成了上述这些目的和任务，向攻防平衡理论的研究者和批评者，展现了一幅更加清晰完整的理论画卷，同时也论证了攻防平衡理论未来的发展价值和完善空间，向学界证明了攻防平衡理论即使在新的历史条件下，依然具有极大的研究意义[①]。此外，林–琼斯还对攻防平衡理论的一些具体概念细节的把握上，也提出了自己的观点。他指出，攻防平衡是一个处于不断动态变化过程中的一个连续体，而不是由两个极端点构成的静态过程，历史上其实较为明显甚至极端的情况往往较少出现。因此，分析国际体系中的攻防平衡，应当主要是分析攻防各自优势之间转化的大致方向和程

---

① 参见Sean M. Lynn-Jones, "Does Offense-Defense Theory Have a Future?" International Security, Draft in 2001, pp. 5~38

度，相对地来理解攻防平衡，而不要去试图进行具体地赋值和精确地测算，这种狭隘意义上的量化研究，并没有很大意义，更多程度上是会走入一种理论研究的死胡同。

对于进攻和防御各自占据优势的情况，林－琼斯认为，进攻占优会导致冲突和战争的概率增大，防御占优会促进合作与和平的达成，但是两者的作用程度略有区别。进攻占优的情况下，无论是长期占优，抑或是暂时占优，国家也往往会尽量去利用这一机会窗口，国际体系依然存在增大冲突的可能；而相反，防御占优则必须是一种较长期、稳定的情况，同时还须让各个国家都明确认识到这一点，才能令各国更加对安全具有信心和把握，从而转至商讨合作事宜；但是，如果国家认为防御占优只是一个暂时的过渡性阶段或状态，进攻占优的时期将随后很快到来的话，国家间关系可能依然会是紧张的，合作仍然无法提上国家的短期议程。因此，对于攻防平衡的分析和理解，要对进攻和防御两者的不同特征及产生的不尽相同的影响上，有所清晰准确的认识[①]。

在林－琼斯之后，对于攻防平衡理论的研究，开始呈现出两种方向，一种是对攻防平衡理论自身加以剖析，从而提出各种批评质疑的观点；再有就是利用攻防平衡理论，来衍生出各种变种理论，斯蒂芬·彼得尔和卡伦·卢斯·亚当斯是其中比较有代表性的学者。彼得尔试图对攻防平衡理论进行一种（按照他本人的说法）"再构建"[②]，他认为现有的攻防平衡理论，过于强调和局限于技术因素对于攻防平衡的影响，从而导致视野过于浅泛。彼得尔作为一名多年出入战场的军人，主张攻防平衡理论应当具有更加具体的军事指向性，技术因素虽然对攻防平衡有着一定的影响作用，但是他认

---

① 参见Sean M. Lynn-Jones, "Offense-Defense Theory and Its Critics," Security Studies, Vol. 4, No. 4, Summer 1995, pp. 660~691

② 参见Stephen Biddle, "Rebuilding the Foundation of Offense-Defense Theory," The Journal of Politics, August 2001, pp. 741~774

为一个国家的具体执行战争的军事能力和军事技巧，以及军事力量的部署特征，更能够直观具体地反映攻防平衡。而针对攻防平衡的具体测量工作上，彼得尔也采用了自己独特的计算方式，即计算衡量军事效能（Military Effectiveness），来考察进攻与防御双方各自取得同样目标，所要耗费的成本之比[1]。彼得尔对于攻防平衡理论在军事执行领域的侧重，以及进行的一些初步的量化研究，都是在格莱瑟和考夫曼的基础上，进一步走向一种极端。如果说范·艾弗拉等人的攻防平衡由于包含过多因素，而显得理论过于冗杂肥大的话，彼得尔的攻防平衡显然又在范围上，过于狭隘和局限，使得攻防平衡理论变成一种军事发展政策分析研究，这种"再构建"并没有达到很好的研究效果，但是彼得尔善于反思现有理论，做出一些理论上的创新调整，是值得后续研究者学习和效仿的。

亚当斯试图在一定程度上结合威慑理论的有效理论成分，在进攻和防御之外，又引入了威慑这一事物，提出了一个全新概念，即"进攻——防御——威慑平衡"[2]。亚当斯的理论初衷，是想解决攻防平衡理论一直以来对常规军事力量着墨较多，而对于核力量相关的探讨相对不足这一问题。她选取的历史研究案例，是从1800年到1997年间主要大国包括核国家之间的进攻和征服的历史频率与趋势，及其与攻防平衡之间的关系，尝试对攻防平衡理论和核威慑稳定理论进行有机结合。亚当斯研究的另一个可取之处在于，她在选取案例进行检验分析时，没有采用历史上发生的战争的数量这样一个宽泛的指标，来作为样本数量的选取标准，而是更加细化，采用历史上发生的各个战役，来作为计数基准，这样更加丰富了样本数量，使得理论研究更为

---

① 参见Stephen Biddle, "Offense-Defense Balance, Force-to-Space Ratios, and Defense Effectiveness," in J. Philip Rogers, *The Future of European Security: The Pursuit of Peace in an Era of Revolutionary Change*, St. Martin's Press, 1993, pp. 82~86

② 参见Karen Ruth Adams, "Attack and Conquer? International Anarchy and the Offense-Defense-Deterrence Balance," *International Security*, Vol. 28, No. 3, Winter 2003, pp. 45~83

深入具体，增大了理论研究的价值和可信度。当然，亚当斯这种理论是否是严格意义上的攻防平衡理论或者说核威慑理论，还是说是一种很简单初级的理论杂糅，在这方面依然存在质疑与争论。但是亚当斯值得称道的一点是，她的案例研究与选取方法极为科学，在对攻防平衡理论进行初步的量化实证研究上，进行了初步的尝试，对于攻防平衡理论的细化与应用，做出了一定的贡献。

在新的历史时期，学者们也对攻防平衡理论在新理论领域的可能性上进行了探索，斯考特·克里默和巴里·波赞[1]对后冷战时代国内族群冲突中攻防平衡理论的应用进行了讨论，大卫·麦克因特勒研究了信息革命背景下网络电子战中的攻防平衡，朴俊奕探讨了攻防平衡理论与现代预防性战争和先发制人战争的关系，尤夫·戈德扎克、尤拉姆·哈弗特尔、凯文·斯威尼等人试图从实证量化角度论证攻防平衡理论的有效性，查尔斯·安德顿尝试从数学角度论证攻防平衡理论的可测量与可操作性问题，理查德·贝茨试图利用攻防平衡理论解释恐怖主义与应对恐怖主义力量之间的攻防关系，等等[2]，即使是进入崭新的二十一世纪，国际关系学界对于攻防平衡理论的讨论，也从来没有中断过。尤其是在最近这几年以来，时间上正好迎来了第一次世界大战的百年纪念，人们对于一百多年前这一悲剧性历史事件，再次展开了分析讨

---

[1] 参见Barry R. Posen, "The Security Dilemma and Ethnic Conflict," Survival, Vol. 35, No. 1, Spring 1993, pp. 27~47

[2] 分别参见Scott F. Creamer, "Assessing Offense-Defense Theory: A Structural Explanation for Intrastate War and Ethnic Conflict," Connecticut University Dissertation, 2009; David H. McIntyre, "Taming the Electric Chameleon: War, Offense-Defense Theory, and the Revolution in Military Affairs," Maryland University Dissertation, 1999; Jun Hyuk Park, "Offense, Defense, and Preventive Attack after World War II," Purdue University Dissertation, 2012; Yoav Gortzak, Yoram Z. Haftel, and Kevin Sweeney, "Offense-Defense Theory: An Empirical Assessment," Journal of Conflict Resolution, Vol. 49, No. 1, February 2005, pp. 67~89; Charles H. Anderton, "Toward a Mathematical Theory of the Offensive/Defensive Balance," International Studies Quarterly, Vol. 36, No. 1, March 1992, pp.75~99

论，对这一灾难性战争爆发的各种可能性原因进行追忆和反思。而应用攻防平衡理论研究的历史案例中，一个非常主要且重要的历史案例，就是探究一战爆发的原因。因此，攻防平衡理论再次成为国际关系学界热烈讨论的热点理论，并在相关问题上引发了生动激烈的讨论甚至学术论战[①]。关于攻防平衡理论本身及其之前的发展历程，也由于这一讨论，唤起了更多学者的关注与研究兴趣。攻防平衡理论在将来，也将一直会是国际关系理论中不可或缺的一支重要理论，必将不断被学者们所继续探讨下去，因此深化对于该理论框架的认识，进而对其进行修正与完善，具有重要的价值意义。

2.2　攻防平衡理论的理论框架

2.2.1　攻防平衡理论的核心概念——攻防平衡

攻防平衡（Offense-Defense Balance）是攻防平衡理论最为核心的概念，用最简单的一句话来概括攻防平衡，就是在一个特定需要观察讨论的时期内，进攻与防御之间相对孰占优势之间的比较，也可以看成进攻与防御哪个相对更加容易的问题（The Relatively Ease of Offense and Defense）。虽然攻防平衡这个概念中出现了"平衡"这个字眼，但是，这个平衡跟均势理论中均势的概念，即权势的平衡（Balance of Powers）那个概念中的"平衡"有所不

---

① 这场学术论战主要发生在斯奈德、萨根和列维等人之间，具体参见Jack L. Snyder, "Better Now than Later: The Paradox of 1914 as Everyone's Favored Year for War," International Security, Vol. 39, No. 1, Summer 2014, pp. 71~94; Jack S. Levy, "Everyone's Favored Year for War-or Not?" International Security, Vol. 39, No. 4, Spring 2015, pp. 208~217; Scott D. Sagan, "1914 Revisited: Allies, Offense, and Instability," International Security, Vol. 11, No. 2, Autumn 1986, pp.151~175

同。攻防平衡并不是指进攻和防御处于一种静止"平衡"的状态，相反，进攻和防御往往处于"不平衡"的状态，即时而进攻相对占据优势，比防御更加容易，时而防御相对占据优势，比进攻更加容易，进攻与防御双方的相对优势，随着时间与技术的变化，而不断此消彼长，因此，攻防平衡是一个动态的过程概念[①]。

对于攻防平衡的严格明确的定义，不同研究攻防平衡理论的学者之间，也没有形成一个统一的概念标准。杰维斯自己在谈到攻防平衡时，最先认为攻防平衡指的是，"当进攻占优势时，意思是占领敌人的领土或摧毁敌人的军队，相比防御自己的更加容易，而防御占优势则是指，保护与保持比前进、夺取和摧毁来说更加容易"，攻防平衡是夺取与守卫领土，摧毁与保护军队之间孰难孰易的比较问题。然而随后，杰维斯又认为攻防平衡是一种在资源花费上的相对比较问题，即"当进攻一方的国家在进攻性力量上每增加一美元的投资时，防御一方的国家应当在防御性力量上的花费，比一美元多多少（或少多少），才能将前者的武力效果加以抵消？"[②]后来的学者如格拉瑟和考夫曼提出的对攻防平衡的"净评估"方法[③]，也同杰维斯的后一种论述相一致，是对杰维斯阐述的一种发展。两者无非都是在相对成本或效能的比较上来定义攻防平衡，但是第二种提法可以涵盖更多的方面，尽管存在争议和质疑的观点，但用成本效用的比较来描述攻防平衡，是一个被普遍认可的表述。

攻防平衡是攻防平衡理论的核心自变量，通过攻防平衡理论所要分析的各种国际政治现象，则是相关的因变量，比如国家间发生冲突乃至战争的概

---

① 这也是林–琼斯所一直坚持的一点，可以说极具启发意义，故将其一直沿用贯穿于本书研究中

② 两种提法皆见于Robert L. Jervis, "Cooperation Under the Security Dilemma," World Politics, Vol. 63, No. 3, January 1978, pp. 167~214

③ 参见Charles L. Glaser and Chaim Kaufmann, "What is the Offense-Defense Balance and Can We Measure It?" International Security, Vol. 22, No. 4, Spring 1998, pp. 44~82

率，不同国家进行合作、实现和平的可能性，等等。如果把攻防平衡自身作为因变量的话，影响这一变量的诸多自变量，则是被视作影响攻防平衡的诸多因素。影响攻防平衡的因素，具体来说应该包括涵盖哪些，将在下面部分详细谈到，这些影响攻防平衡的因素，也会是构成攻防平衡理论框架的重要组成部分。

分析影响攻防平衡的因素，之所以是攻防平衡理论中的重要组成部分，主要是基于这样一种考虑。前面在谈及攻防平衡的定义问题上可以看到，由于攻防平衡本身是构建理论时提出的一个概念，它是从经验现实中归纳提炼出来的抽象事物，难以被人们直接观察、分析乃至详细测量到。因此很多人也批评攻防平衡是一个很难进行测量、验证，甚至不太具有现实指涉意义的一个概念。其实，许多国际关系理论中的核心概念，也往往面临着类似的争议。比如国际关系学界大家普遍通用、耳熟能详的"权力""均势""利益"等基础性概念，其实细究起来，往往难以明确定义，学者们至今对于权势、权力、利益等概念没有一个统一明确的定义[①]，但是这些并没有妨碍整个国际关系学科内，人们对于国际关系问题的讨论。正像研究几何问题中，人们不能够，也没有必要去证明几何"公理"一样，几何学家们只需要证明公理的前提与公理的推论——"定理"，就可以间接地证明公理的正确性。公理的具体严格的定义，也对人们利用公理去研究解决各种几何问题影响甚微。那么同样，在研究攻防平衡理论的过程中，或许有时，无法直接测量分析攻防平衡本身，但是可以分析测量影响攻防平衡的那些因素变量，从而间接地得到对于攻防平衡的理解和把握[②]。因此，研究攻防平衡理论的学者，无一例外的对各种不同影响攻防平衡的因素进行了探究，本章节后面的部分会详细阐述这些因素。

[①] 譬如，英国国际关系学者马丁·怀特（Martin Wright）曾经列举了"均势"的七种使用范畴

[②] 参见Stephen Biddle, "Offense, Defense, and the End of the Cold War: Criteria for an Appropriate Balance," Defense Analysis, Vol. 11, No. 1, October 1995, pp. 65~74

2.2.2　攻防平衡理论的另一重要概念：攻防识别

　　攻防识别（Offense-Defense Distinguishability）是攻防平衡理论另外一个十分重要的概念。攻防识别也可以看作攻防区分，即进攻与防御的区分。攻防可以得到区分，是攻防平衡理论得以讨论国际政治问题的一个重要前提和辅助条件。如果进攻与防御可以得到大致相对的区分，那么才能进一步讨论在进攻占据相对优势和防御占据相对优势的不同时期内，国家间爆发冲突与战争的可能和概率上，分别呈现怎样一种情况。但是，如果进攻与防御都无法进行区分，那么讨论进攻与防御之间的平衡问题，也就没有了实质意义。因此，这一概念也是攻防平衡理论中遭受争议较多的部分，许多阐述攻防平衡理论的学者，也对该问题讨论得不够翔实深入，因而也造成了这一概念的含糊性。一般来讲，学者们在谈及攻防区分这一问题时，主要是指代两种攻防区分：一种攻防区分是武器在进攻和防御属性上的区分，由于在单纯分析某种武器时，通常很难将其绝对分为进攻性武器或防御性武器，因此很多学者不赞同进行这种机械性区分，而是要考察武器的运用方式和运用目的，来相对地进行攻防区分[①]；另一种攻防区分是国家在战略目标、政策和军备发展侧重上，进攻和防御大方向上的区分，这是一个相对更具有分辨可行性的层面，也是攻防平衡理论主要应当注重分析的一种攻防区分[②]。无论是哪种区分途径，可能面对的困难是，各个国家对于彼此武器或政策的评判标准，可能相对主观，对于攻防区分，迫切需要一个客观的评判标准。杰维斯和林-琼斯等学者给出的解决方法是，通过对分析对象国进行时间轴上的纵向比较，从

---

① 参见Sean M. Lynn-Jones, "Offense-Defense Theory and Its Critics," Security Studies, Vol. 4, No. 4, Summer 1995, pp. 660~691

② 参见Robert L. Jervis, "Cooperation Under the Security Dilemma," World Politics, Vol. 63, No. 3, January 1978, pp. 167~214

发展变化的方向和程度上，来了解对方在军备发展运用和国家政策目标上的动向。这也自然导致攻防平衡理论及其分析者，必须对技术的发展变化时刻保持关注和敏感，这也决定了攻防平衡理论需要不断与时俱进的必要性。

2.2.3 影响攻防平衡的因素

研究攻防平衡理论的人们认为，影响攻防平衡的因素有很多，其中最主要和最为大家所广泛提及的影响因素，就是技术因素和地理因素。随着后续不同学者对攻防平衡理论的不断补充和完善，这些人也各自列举添加了一些他们认为会影响攻防平衡的其他要素。应该说，攻防平衡理论的主流或主干理论，也就是前文提到的，主要以杰维斯、奎斯特和林-琼斯为代表的最精炼意义上的攻防平衡理论，通常只将技术（有时还有地理）因素视作影响攻防平衡的因素，而不主张过度追加新的变量，以免影响和折损理论的精简性。他们认为技术和地理因素，对国际体系内各个国家都会产生影响和约束，因此是一种体系层次上的变量，对攻防平衡提供了一种结构上的影响、限制或制约[1]。攻防平衡理论是一种结构理论，因此，纳入单元层次的要素，会使得体系结构理论丧失理论的精巧与凝练，最终蜕化为一种研究单元层次的"还原主义理论"。因此，在这里，应当坚持这些学者们的初衷，将技术和地理因素作为影响攻防平衡因素中，最为重点讨论的因素，同时简单也论及一下其他学者们提出的其他影响因素。将杰维斯、奎斯特和林-琼斯这些学者为代表的"精简"攻防平衡理论这一分支，作为攻防平衡理论最主流和最"硬核"的一支，即最一般意义上的"核心"攻防平衡理论，有助于最便捷地把握该理论的实质，亦有助于接下来对攻防平衡理论进一步的讨论与完善。

---

[1] 参见Sean M. Lynn-Jones, "Offense-Defense Theory and Its Critics," Security Studies, Vol. 4, No. 4, Summer 1995, pp. 660~691

技术因素

技术因素是影响攻防平衡极为重要和关键的一个因素，可以说是最为核心的要素也不为过。无论是哪位研究攻防平衡的学者，也不论具有哪种不同侧重的理论分支流派，都不能不讨论技术因素。不同理论分析可能对影响攻防平衡的因素到底有哪些，应当有哪些这一问题上有着不同的看法，但是学者们一致认为，技术因素是且应当是影响攻防平衡的一个重要因素。

技术的革新和变化，会对武器的效用、作战的方式乃至战争的形态，都会产生重大的影响[①]，新技术的问世有时也会伴随着新的武器的问世，新的战法的提出，从而使得攻防平衡的天平或者向进攻一方，或者向防守一方发生倾斜，通过这种方式来影响和改变攻防平衡。同时，由于技术自身的特性，决定了技术具有传播和扩散性，而且这一客观过程不以人们的主观动机为转移，事实上往往也难以对技术的普及进行完全的阻挡。尽管技术的最初发明或最先应用的国家，会想方设法保持技术的秘密不外泄，从而固守维持新技术变革为自己带来的优势，但是技术的外流"扩散"，其他国家的模仿或"搭便车"，终究只是一个时间问题。最早发明铁器的赫梯人，由于铁器兵刃相较青铜武器的优势威力，以及铁制战车更大的载人战斗力与使用寿命，大败仍然使用青铜武器的埃及，征讨米坦尼，洗劫巴比伦城，在近东实现了短期的霸权。赫梯人深知自身的优势秘诀在于铁器的冶炼技术，因此对相关工匠、设施和锻造程序，进行严格的守秘保护，但最终依然没有能够避免铁器技术的泄漏。铁器随后逐渐传遍整个旧大陆，赫梯帝国也很快失去优势，走向衰亡，为创造更多军事技术战法革新的亚述所灭。赫梯与铁器的例子说明了，技术虽然产生于某一个或某一些国家，各个国家的技术发展水平可能也不尽相一致，但是技术的扩散性，使得技术这一要素最终会对国际体系中的各个国家，均或多或少地产生影响，因此被许多研究攻防平衡理论的学者

[①] 参见Robert J. Art and Kenneth N. Waltz, *The Use of Force: Military Power and International Politics*, Rowman & Littlefield, 2004, pp. 12~13

们，视为一种体系层次上的变量，即一种结构性变量。

技术因素包含很多不同的方面。由于攻防平衡理论要解决技术因素及其发展变化对攻防平衡的影响，具有很强的军事指向性[①]，因此，一种普遍的分类方法是将技术因素分为军事性技术因素和非军事性技术因素。所谓的军事性技术，就是那些直接利用在武器装备和军事行为中的技术，比如来福步枪的膛线制造技术，新型子弹所需要的无烟火药和雷汞引信技术，马克沁机枪的自动装填设计和水冷却外罩，四号坦克的倾斜装甲技术和无线电台技术，零式舰载战斗机的轻量化技术，氧气（酸素）鱼雷的内舱循环与过滤技术，新型VT信管无线感测技术，激光导弹制导技术，乃至核武器制造技术等等。非军事性技术，则泛指那些不直接应用于军事力量上，但是会极大地有助于提高武器装备的军事效用或制造速率的技术。比如采用大规模集中生产线，来生产统一规格的坦克配件，可以极大地提高坦克的生产速度和使用寿命，同时降低了生产成本；全球卫星、无线电中转站等通信网络的发展和普及，可以对部队通信、指挥，战斗车辆、战机的导航甚至导弹武器的制导，起到关键性的作用；波音、洛克希德－马丁等各个公司为了获取更多的市场订单，相互展开研发竞争，从而快速催生了一大批尖端军事技术[②]，等等。所有这些技术，都可以极大地将一个国家的潜在能力转化为军事能力，从而间接地服务于军事领域的建设。

事实上，由于历史上很多军用技术在得到大规模普及应用之前，最开始都是脱胎发端于民用技术的。比如坦克制造技术，其实就一定程度上反映了一个国家的汽车制造技术，以及钢铁化工工业的实力；较早发展航空母舰的国家，也往往是那些拥有雄厚造船技术和经验的海洋强国；现代信息化战争

[①] 参见Stephen Biddle, "Rebuilding the Foundation of Offense-Defense Theory," The Journal of Politics, Vol. 63, No. 3, August 2001, pp. 741~774

[②] 参见Robert J. Art and Kenneth N. Waltz, *The Use of Force: Military Power and International Politics*, Rowman & Littlefield, 2004, pp. 58~62

所要用到的网络信息作战平台，其实最早是由硅谷一群辍学大学生，在租用的一个个地下车库里创造并发展至今的。关于所谓"军用"与"民用"技术难以分辨的最为有趣的例子，就是曾经困扰欧亚大陆各农耕地区居民上千年的"帕提亚回射术"。该技术最早由生活于内亚大草原并成功驯化马匹的印欧人所发明[①]，并后来为突厥、蒙古、满洲等阿尔泰语系的各个骑马民族所继承，并利用这一战术，扫荡了几乎欧亚大陆的所有地区。它充分利用弓箭的远程精准杀伤力，骏马的高速机动性以及战士本人的战斗技巧，可以说是在火器发展成熟之前，旧大陆上近乎无解的战法。讽刺的是，阿尔泰骑马民族并没有垄断弓箭制造技术和马匹驯化技术，甚至马镫和箭头等发明，反而来自于农耕地区，因此这种崭新的尖端技术，并不是非常神秘叵测的技术。在这一军事技术背后，其实就是一个个牧民、猎户在普通的日常生活中，所用到的一种基本的生产、生活技术，是一种简单质朴到极致的民用技术。所以说，将技术细分为军事性技术和非军事性技术，实际上只是为了研究便捷，而采用的一种权益性的分类方式，民用技术可能会给军用技术带来灵感，反之亦然，同时，在军民融合推进过程中，当不同的原有技术相结合，有时可能也会萌发出新的技术。因此在分析技术这一因素时，一方面，要将目光立足于各种技术领域的全局性考察，而不只是将目光局限于某个具体领域的技术上；另一方面，也要对技术的发展变化形态，时刻保持动态关注。

　　之所以说技术是影响攻防平衡的一个极为关键的因素，部分也是由于技术自身的发展特点。技术是一个处于不断发展变化状态，时刻处在变革运动中的一个活跃变量，并且随着人类文明的不断演进发展，科学技术产生发展的周期越来越快，日新月异甚至"秒新分异"，这在进入近现代，特别是进入二十一世纪后更加显著。技术的快速变化乃至革命，决定了攻防平衡也处于时刻不断的变动中，决定了攻防平衡理论，也要保持对技术发展和攻防平

---

① 参见George H. Quester, *Offense and Defense in the International System*, John Wiley and Sons, 1977, pp. 48~51

衡的时刻关注，并且不断适应前两者的变化，不断对自身进行完善更新。这其实再一次表明了本书研究的必要性，技术这一因素是动态的技术，攻防平衡也是动态的平衡，因此攻防平衡理论也要不断在新时代技术条件下进行修正与改进。

地理因素

相比较于其他影响攻防平衡的因素，地理因素是一个相对稳定的变量。因为相对于地球地质活动的变化周期，人类的历史时段要短暂的多。在特定需要分析、讨论的某一段时期内，各个国家的地理特征处于基本变化不大的状态。因此，在不考虑同其他因素，比如说技术因素，相结合分析的情况下，地理因素本身是一个相对变化不大的变量。

海洋、山脉、河川、沼泽、密林、荒漠等天然的地理阻隔或行进困难的地区，往往不是难以接近或穿越的自然地理障碍，就是会对敌方军队的军事进攻行动起到极大的阻滞妨碍作用，因而这些天然地理屏障是有利于防御的；相反，缺乏天然地理障碍，十分平坦开阔，四通八达，交通便利的地区，或者容易通行进入的地理分布，由于防御方要面临一个宽广的防守正面，因而不利于进行防御，反而有利于展开大规模高速度的进攻行动[1]。美国、澳大利亚、英国等国家，就是处于巨大水体防御状态下的较为典型与理想的状态；俄罗斯的普里皮亚季大沼泽，同样也对滞缓入侵军队的推进速度有着巨大作用；意大利与瑞士交界的阿尔卑斯山地，对试图进出意大利半岛的里外各方，都是一个极大的挑战；印度支那地区的热带密林和雨涝特征，会导致进攻方的规模优势、后期补给和精神士气遭受到很大的折扣；而中东欧地区则是一大片非常开阔平坦的平原和缓丘，处于这一地区内的国家，地理地势很适合于进行快速推进的军事行动，但同时不利于进行防守，非常容易遭受外部的快速、多面入侵，因而也是历史上征服与战争的多发地区。法

---

① 参见Steven Van Evera, *Causes of War: Power and the Roots of Conflict*, Cornell University Press, 1999, pp. 178~180

国在路易十四时期之所以要发动拓展"天然疆界"的战争，也是出于意图将东北部的国境线推进到莱茵河天然屏障，从而增大防御性地理屏障，更好地维护法国安全的考虑。

如果一个国家的领土面积辽阔，那么该国能够回旋的战略余地空间，就相应更大，敌方军队想要完全占领该国的全境，就需要花费大量的宝贵时间，而且随着向该国纵深地带的不断深入，会遭遇到更多的困难和更大的抵抗，对后勤线路的保障负担会越来越重，维持、戍守新近占领地区所需要的兵力、资源，也会分散本该用于进攻锋线上的力量。随着战线的延伸和需要防御空间的不断扩展，进攻方面被防御方反攻的风险也不断升高。这其中的原因是，尽管同样处于较大空间与纵深，防御方能够利用战争爆发前营造的防御工事体系，当地的资源物资储备和居住民众的支持，有效地抵御进攻方的推进；而进攻方在占领同一地区后，往往得不到像和平时期那样足够充裕的时间，来再次构筑防御体系，占领区的物资储备很可能已经被转移或自毁，当地民众也极有可能采取不合作的立场，这就导致再次面对防御方的反攻时，广袤的地理战区反而造成进攻方的防御负担。

此外，如果一个国家的领土面积足够巨大，相应能够获得的资源与能够动员的人口也会十分巨大，这些都会有利于防御方的防御作战[1]。俄罗斯之所以在历史上一直采取扩张领土的战略传统，其背后的动机其实在于，前面提到的东欧平原易于遭受进攻的地理特点，导致俄国从波罗的海到黑海漫长的边界线难以防御，于是希望通过扩大领土来增大自己的安全空间。但是同时也要注意到一点，就是虽然国家的领土面积相对巨大，有助于提高防御方面的优势，但在一些情况下，国土广袤也意味着国境线过于绵长，需要防御的要点过多，同时接壤的国家数目也更加繁多复杂。但是这些对于进攻方来说，更加是一个困扰他们进一步展开攻略行动的问题，因而总体上来说，国

---

[1] 参见Charles L. Glaser and Chaim Kaufmann, "What is the Offense-Defense Balance and Can We Measure It?" International Security, Vol. 22, No. 4, Spring 1998, pp. 44~82

土面积带来的防御优势，是基本上有利于防御方的。

如果一个国家能够在地理资源上实现自给自足，那么在防御态势上就更加的享有优势地位。结合前面关于地形阻隔和国土面积的讨论，可以发现，如果在拥有天然地理阻隔保护的情况下，同时还能够保持自给自足，那么这对于防御一方来说，是最为理想的状态。如果比较同样处在海洋水体保护下的美国和日本，就可以看出，大洋"护城河"对于资源丰富，能够自给自足的美国来说，具有巨大的防御加成作用，而对于资源相对匮乏，需要利用海外资源的日本来说，水体阻隔是一把"双刃剑"，既为日本本土提供了水体保护，也为日本获得海外的资源提供了限制，从而会使日本的资源生命线系于海洋贸易运输上，容易暴露于潜在敌对国家的袭扰和破坏威胁下，会或多或少导致日本的防御优势大打折扣，反而加剧日本国家安全上的风险。

同样的道理，前面谈到的国土面积对于防御方的优势，也是预先基于国土面积更大，可以获得的资源和人口也更多，这个一般常规的假设来说的。如果一个国家虽然国土面积极大，但是资源却不成比例的相对有限，人口民众的发动也达不到预期规模，那么国土带来的防御空间和资源、人口优势，就会十分不显著，甚至会被国土巨大带来的一些不利因素所抵消甚至盖过。诸如国土广阔带来的边界战线过长、需要防御的要点过多、各地区之间互相调动不便，甚至地区民众同国家统治中心立场诉求差异过大，积极谋求自治乃至独立，导致配合支援进攻的敌方等情况，都会相反的不利于防御一方。由此可见，地理因素的各个方面，对于进攻与防御的平衡转化来说，并不是一种单纯的代数线性关系，而是需要结合多种因素考虑，计算推导出一种"合力"，来进行多方面整体上的分析，从而判断最终的影响方向。

除却地质地理造成的一些自然阻隔或天然屏障之外，国家往往利用人力或技术等各种手段，来人工制造地理障碍，从而达到近似于自然地理障碍的效果，来服务于自身的防御目的。修造人工的防御工事体系，是最为常见的办法，城市围墙和护城河、多重城堡、军事要塞，这些都是模仿山川建造的人类最为普遍的防御样式[①]。更大规模的防御建筑群，古代的例子有罗马帝国、基辅罗斯以及东亚农耕政权都曾修筑过的长城，这些人工建筑防线，可以多少达到模拟山岭阻隔的防御作用；近代最为著名的则是"马其诺防线"、"大西洋壁垒"等，其中原理和古代的各种长城是一样的，只不过采用了现代的技术要素。通过对历史经验的观察可以知道，人工阻隔的防御效果，是相对不及自然阻隔的防御效果的，由于需要人力、物资的持续投入，总体来说效果十分有限。

制造国家边界之间的"无人区"或缓冲地带（Buffer Zone）也是一种经常被国家所追求与实施的目标。通过尽可能的制造近似"人造荒漠"的中立地带，来增大进攻方进入国土的难度，迟滞进攻方的进展速率，从而尽量避免边界线军事力量的损失，争取防御方的反应调度时间，具有巨大的防御效益。历史上许多国家都曾采用这种策略，比如苏俄在西部边界布置华约东欧卫星国来担任缓冲角色，19世纪英国和俄国在伊朗和阿富汗制造中立区，来避免两国军队势力的直接摩擦对抗等等。人为制造交通障碍，也可以起到滞缓对方，防御自身的作用，苏俄的领导人斯大林以及晋地的军阀阎锡山，都曾经将境内的铁路轨道规格，设计成同其他地区不同的宽度，从而给可能来犯的外国军队人为制造进军困难。国家在制造中立区或缓冲地带时，经常会产生一些问题，这主要是因为，国家总是想要避免战争发生在自己国土境内，从而保护自己境内的土地、财产和秩序不受到过多损害，于是，它们在设置缓冲地带时，往往倾向于将缓冲地带设置在国土之外，比如将毗邻自己的相对较弱小的国家设置为"缓冲国"。然而，这势必会侵害到这个较小国家的主权和利益，也会造成关切这一区域安全的其余各方的强烈反弹，导致局势更加紧张，反而不利于国家的防御安全。与此同时，完全中立的地带，

---

① 参见George H. Quester, *Offense and Defense in the International System*, John Wiley and Sons, 1977, pp. 29~38

也很难完全实现，因为各方无法完全确定这一地区在今后一段时间里，会一直真正处于"中立"状态，因为这一地区的国家居民的态度可能会随时间形势发生变化[①]，因而二十世纪美苏进行激烈对抗时，也没有将德国和朝鲜作为中立国家完整保留，而是进行了分割，认为这样更加保险，后来奥地利与德国发生的情况，也似乎证明了这一忧虑。缓冲地带和中立地区的构建，同防御工事一样，在实际历史上的效果表现，也不是很令人满意。这其实也分别从几个侧面，证明了自然地理对于进攻与防御的作用，如此的巨大而深远，人类往往无法完全复制这种影响效果，地理因素尽管是一个相对"惰性"、稳定的变量，但决然是影响攻防平衡因素中不可缺少的一个重要方面。

其他因素

研究攻防平衡理论的不同学者，对于影响攻防平衡有哪些因素，各自持有不同的标准，除却技术和地理因素外，又列举引入了其他不同的因素，其中许多属于国内政治、社会的一些特性，有的甚至属于人们的主观观念因素。新近加入的一些变量，主要有国内政治体制、外交政策、军队的规模、民族主义、资源累积、国家联盟以及认知观念等因素。

不同国家各自不同的国内政治体制、社会特征，对于攻防平衡会产生不同的复杂影响。范·艾弗拉认为政治制度会影响国家政策程序的制定和透明度，斯奈德提出国内各个政治集团之间的相互博弈、联合，会造就不同于任何政治集团初始本意的政治目标[②]。同时，国家的社会特征和秩序等因素也会左右国家政策的实施程度。除却国内政治要素外，范·艾弗拉认为国家的外交政策、目标及其决策程序、方式等，也应考虑进影响攻防平衡的因素当中。的确，按照杰维斯的提法，国家的政策目标和外交行为，对于判定国家战略

[①] 毕竟不能制造真正的"无人"地带，因为这无论如何有悖于人类常理，特别是在当今时代

[②] 参见Jack L. Snyder, *Myths of Empire: Domestic Politics and International Ambition*, Cornell University Press, 1991, pp. 15~21

目标的进攻性或防御性十分重要[1]，但是外交政策究竟是影响攻防平衡本身的诸多因素中的一个，还是帮助分析攻防平衡的辅助标准，抑或是和攻防平衡属于同等地位的变量，共同影响国家间的战争概率，依然存在一定的混淆性。外交政策应当是攻防平衡的因变量，而不应是自变量，攻防平衡理论是一种帮助分析外交政策的理论，而不能和国家外交政策理论本身混同，这也是攻防平衡理论主流理论一直所坚持的一点。

国家的政治参与范围和国民精神状态也会影响攻防平衡，国民广泛参与政治的大众化政权，可以动员大规模的军队，国民民族主义思潮高昂，可以提高战斗士气和军队忠诚度，利用这些，国家可以发动防御性的全民总体战或敌区游击战，帮助进行防御等等。此外，一个国家的民族构成如果十分简单一致的话，也会提高国家的整合度，有助于对国家的防御。同以上这些问题较为相关的其他方面是，国家军队的规模、士兵训练的程度、军队的军事技巧和素养同样会影响攻防平衡。

资源的累积性因素也是值得考虑的问题。格拉瑟和考夫曼认为，如果进攻的一方能够从进攻获得的成果（譬如领土）中获取更多的资源或利益，形成收益的一种积累性"滚雪球"式的增长，那么这也会对进攻与防御之间相对优势比较之间，产生重大的影响[2]。不但率先进攻可以掌握初始的主动权，而且能够迅速将战果转化为进一步更大的优势，这会导致进攻相对更加拥有优势，会鼓励国家采取进攻性的战略目标。

国家与国家之间的关系要素也同国家内部的因素一样，会影响攻防平衡。斯奈德和克里斯坦森认为，当联盟对于国家来说十分重要时，国家可能会被盟友"绑架"，影响政策目标的制定；当联盟作用不大时，国家会选择

① 参见Robert L. Jervis, "Cooperation Under the Security Dilemma," World Politics, Vol. 63, No. 3, January 1978, pp. 167~214

② 参见Charles L. Glaser and Chaim Kaufmann, "What is the Offense-Defense Balance and Can We Measure It?" International Security, Vol. 22, No. 4, Spring 1998, pp. 44~82

推卸责任，采取观望跟随的立场。国家联盟，以及中立国家或组织的制约作用，也会对攻防之间的难易比较产生影响作用。

最有争议的一个额外引入因素，当属范·艾弗拉和斯奈德主张的认知观念因素了。国家及其领导集团对于攻防平衡的认知，同客观实际存在的攻防平衡，往往并不甚相符，有时甚至截然相反，这种认识上的偏差或错误，也会影响对攻防平衡的评判。一个国家的军事思想、军事学说或信条，也是认知观念因素在军事参谋部门的具体分支体现。人们普遍确信，德国和日本参谋部门的错误认知，对于两次世界大战的爆发，应当负有重要的责任[1]。

同样从具体军事角度着手的彼得尔、特普夫等人还认为，一个国家的军事执行方式、军事装备部署、军队战斗技巧、军事战略姿态等也应当作为考察因素之一，但是也有学者认为军队的执行力同国家的总体军事实力一样，是同攻防平衡相并列的同一层次概念，不应视作攻防平衡下面的一个影响因素[2]。

客观来讲，将上面提到的这些国家单元层次的因素，甚至主观观念上的因素，也视作影响攻防平衡的因素，虽然是出于扩大理论解释范围，丰富理论概念的考虑，但是这也会让理论变成"高大全"的冗杂理论，反而不利于对攻防平衡的直观分析。作为一种体系层次的结构理论，作为一个研究国际体系内国际政治现象的理论，引入单元层次乃至观念层次的因素，究竟是否妥当，这些问题都值得研究攻防平衡理论的学者进行思考与疑问。

---

① 参见Jack L. Snyder, *Myths of Empire: Domestic Politics and International Ambition*, Cornell University Press, 1991, pp. 102~103, pp. 140~143

② 参见Stephen Biddle, "Rebuilding the Foundation of Offense-Defense Theory," The Journal of Politics, Vol. 63, No. 3, August 2001, pp. 741~774

2.3 攻防平衡理论的分类

因为所有关于攻防平衡理论的研究和阐述，是由很多不同的国际关系学者先后进行的，他们对攻防平衡理论的表述和侧重，也各自有所不同。不但关于影响攻防平衡究竟有哪些因素上，存在不一致的观点，对于该理论的概念、定义以及应该如何应用等各方面，表述也不尽相同，这客观上使得攻防平衡理论没有一个统一一致的框架，而是同时存在不同种类的分支流派。理解不同分支理论之间的客观差异和共通之处，对于整体性理解和明确攻防平衡理论，以及进一步的完善改进工作，都大有裨益。攻防平衡理论应当如何进行分类，存在着下面几种不同的分类方法：

2.3.1 按照研究层次的不同

按照理论研究主要所涉及的是国际关系哪一层次的变量，可以将攻防平衡理论分为体系层次上的攻防平衡理论和单元层次上的攻防平衡理论。这种分类方法是在希姆·林–琼斯的"狭义的"攻防平衡理论和"广义的"攻防平衡理论这一分类方法基础上进行的一种近似意义的表述[①]。像杰维斯、林–琼斯等人主张的那样，他们的攻防平衡理论主要研究体系层次上的变量，如技术和地理等因素，是一种力求理论精简、理论要素有限、理论目的有所节制的结构理论，也是普遍意义上，被认为是攻防平衡理论中最核心和最主流的一支理论，受到关注与争议讨论也是最多的。这一理论分支的优点毋庸再

① 参见Sean M. Lynn-Jones, "Offense-Defense Theory and Its Critics," Security Studies, Vol. 4, No. 4, Summer 1995, pp. 660~691

道，将分析层次保持在体系结构层次，在解释领域上虽然不会解释所有方面的现象，但努力维持了理论的简约性，攻防平衡这一理论核心概念也更加简单明确。

范·艾弗拉和斯奈德，某种程度上还有格莱瑟和考夫曼、彼得尔等人的攻防平衡理论，在承认技术等结构性因素作用的同时，主要还研究国家单元层次上的众多变量，因而更多是一种单元层次上的安全政策理论，或者说外交政策理论。这一分支的理论目的是试图解决狭义攻防平衡理论在解释领域有所局限，攻防平衡本身定义过于局狭这一问题，意在引进单元层次的变量，来扩大领域的解释和应用范围。当然，像前面已经论述过的那样，引入过多单元层次的变量，使得理论蜕变成了一种单元层次的、分析具体国家外交政策的理论。攻防平衡这一概念包含了不同层次的很多种要素，变得复杂而臃肿，几乎无所不包，俨然就是国家相对权势的同义性置换，很难进行定义或使用，更经不起批评者的推敲和质疑。

攻防平衡的狭义分支和广义分支，其实是位于两个分析层次的攻防平衡理论，可以说各有利弊。正所谓鱼和熊掌不可兼得一样，恪守理论的简洁性，就会不可避免的限制理论所能解释的问题范围，而试图对理论"打补丁"，来扩大解释范畴，就会让理论丧失简约性和可操作性。但是，鉴于攻防平衡理论，更多是一种结构层面的理论，狭义的这一支攻防平衡理论，显然是应当研究的主要分支理论。而广义的攻防平衡理论，这一较为非主流的分支，为今后的研究提供了宝贵的经验教训。对于攻防平衡理论的修正和完善，也同样要立足于体系层次，增加结构性的变量，这样才能兼顾到理论简约性和理论解释范围度之间的平衡，真正意义上做到对理论研究的补充完善工作。

2.3.2　按照研究对象的不同

　　另一方面，按照攻防平衡理论所要研究的主要对象来进行分类，也能够分为两种不同的攻防平衡理论分支，即研究客观上的攻防平衡的攻防平衡理论，和研究认知上的攻防平衡的攻防平衡理论[①]。大多数攻防平衡理论，都是观察、分析国际体系中客观存在的攻防平衡的，另外一些少数的学者，像范·艾弗拉和斯奈德等，既研究客观实际的攻防平衡，更强调研究观念认知中的攻防平衡。由于国家及其领导人对攻防平衡的认知和把握，往往同实际存在的攻防平衡不相一致，也就是两组不同意义的攻防平衡，因此分别同时研究两者的特征，并观察两者之间的关系，以求得出更加准确的结论。研究对攻防平衡的认知出现偏差的典型例子，是第一次世界大战的爆发，范·艾弗拉和斯奈德主要研究的也是这一问题。然而，随着史料的逐渐丰富，不同侧面事实的不断展现，加上凯尔·利伯、萨根等人对两人结论的一些质疑[②]，观念认知的攻防平衡是否像范·艾弗拉和斯奈德他们强调的那样，发挥着非常重要的作用，将会是一个长久争议不决的有趣话题。

　　其实，在国际关系理论中引入和重视观念认知的因素，并不是一个新鲜事物。八十年代兴起的反思理性实证主义的批判主义思潮，以及后来国际关系理论中赫赫有名的建构主义理论，都是这一理论路径在不同时期的产物，研究观念认知中的攻防平衡也不例外。的的确确，不同观念会给客观现象赋予不同的意义，观念认识与现实，往往不会完全重合，实际上，人类在历史

---

①　参见Shiping Tang, "Offense-Defense Theory: Toward a Definitive Understanding," Chinese Journal of International Politics, Vol. 3, 2010, pp. 213~260

②　参见Keir A. Lieber, "The New History of World War I and What It Means for International Relations Theory," International Security, Vol. 32, No. 2, Fall 2007, pp. 155~191; Scott D. Sagan, "1914 Revisited: Allies, Offense, and Instability," International Security, Vol. 11, No. 2, Autumn 1986, pp.151~175

上对客观实际的事物，当然也包括攻防平衡，从来没有能够保证实现完全吻合和绝对正确的认识。注意到观念的攻防平衡同实际的攻防平衡之间的可能误差，是难能可贵的，有的时候也是有分析必要的。

然而，攻防平衡理论是一种立足于理性主义的国际关系理论中现实主义旗下的一支，而理性主义国际关系理论的一个核心预设，就是国家作为理性行为体来行事，否定这一点，会使得绝大多数国际关系理论丧失意义。攻防平衡理论预设了国家在理性的情况下，对攻防平衡做出相对准确的判断，并相应做出最正确的对应选择（Optimal Choice），在这样一种情况下，战争与和平有着怎样的可能性或概率。有一个概括性的、一般意义上的、能够满足绝大多数情况的假设，是理论必要的核心和前提，也为进一步用理论假设来解释众多现实现象，提供了一个绝大多数情况下可靠的一种指向和标准。解构理论的核心假设，加入唯心层面上的因素，会使得研究陷入更加模糊与复杂的境地[①]。谁不清楚国际体系其实不完全是绝对丛林法则一样的无政府状态呢？谁不知晓人类其实不是完全依靠理性，来驱动自身行为，偶尔会受到感性、激情甚至无知的影响呢？但是这些，并不影响国际关系理论的构建和应用，也并不影响国际关系理论解释国际关系现象。

2.3.3 按照研究导向的不同

根据理论所要研究的导向或目的的不同，可以将攻防平衡理论分为研究作为结果的攻防平衡理论和研究作为原因的攻防平衡理论。这种分类方法是由斯蒂芬·彼得尔提出的。彼得尔在重新反思和审视攻防平衡理论的发展状况的过程中，对攻防平衡理论的理论谱系进行了分类，提出了如下图所示的一种对理论的分类方法：

[①] 一个很具有代表意义的理论研究反例，可以见于王伟光："攻防平衡理论及其批判"，国际政治科学，2012年03期，第84~120页

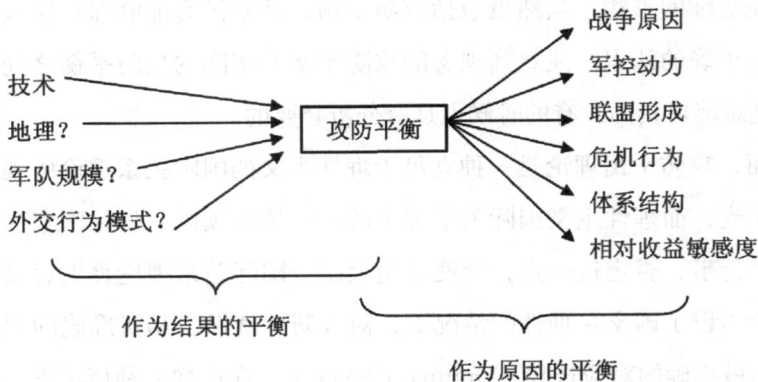

图1　斯蒂芬·彼得尔对于攻防平衡理论的分类方法①

从理论谱系图中可以看出，彼得尔认为攻防平衡理论主要有两种：一种是研究"作为结果的平衡"（Balance as Effect）的攻防平衡理论，也就是将攻防平衡作为因变量，研究影响攻防平衡的原因，分析影响攻防平衡的因素，而这些因素，如技术因素、地理因素、其他单元层次的因素等，则是理论的自变量；另一种则是研究"作为原因的平衡"（Balance as Cause）的攻防平衡理论，在这种理论中，攻防平衡是自变量，攻防平衡所要解释的各种国际政治现象则是因变量，这种理论是研究攻防平衡同各种国际关系事物间的可能相关性的一种理论。彼得尔认为，目前大部分的攻防平衡理论，都属于后者，即利用攻防平衡这个理论视角，来分析国际关系现象，而像前者这样对于攻防平衡本身的研究，尚且不多，较少数的理论研究属于这一分类，他认为国际关系理论学界应当加强对前一种分支理论的关注和努力。这也是他着手重新回顾理论本身，试图"再构建"攻防平衡理论的原因之一，而另外一个原因，则是通过重视对理论本身的再次探讨和反思，试图发现和弥补理论中可能存在的问题或不足，从而更好地回应攻防平衡理论一直以来所面对的各种批评。

---

① 来自于Stephen Biddle, "Rebuilding the Foundation of Offense-Defense Theory," The Journal of Politics, Vol. 63, No. 3, August 2001, pp. 741~774

2.4　对攻防平衡理论的批评与回应

2.4.1　攻防平衡理论面对的批评

攻防平衡理论发展的四十余年历史中，一直以来受到国际关系学界的探讨和关注，并围绕该理论不断进行交流、讨论。正像肯尼思·华尔兹的结构现实主义理论那样，攻防平衡理论同样是一个影响非常大，地位十分重要的国际关系理论，对于该理论一些要点上的争论或争议，从来没有中断过。又因为攻防平衡理论拥有大量的论述成果，更含有很多不同的理论分支流派，对于理论概念和理论应用上，自然会有各种各样的理解和认识，其中自然也有质疑甚至批评攻防平衡理论的声音。质疑者或反对者们对攻防平衡理论的批评，主要集中在以下几点：

首先，攻防平衡理论面对的最多的批评，就是攻防难以得到区分，具体来说，就是武器无法被绝对区分为进攻武器和防御武器[①]。的确，在军事史上，没有绝对进攻或防御意义上的武器。希腊城邦战士使用的盾牌，大多数时候用来防御，帮助维持方阵的巩固，但也可以临时作为打击性武器进行进攻；坦克、自行火炮等装甲部队，既可以被用作德国的闪电战中，参与快速突破和包抄迂回的进攻战术，也可以在战争后期扮演苏俄纵深防御中的机动性应急力量，随时参与弥补防线的紧张空缺；美国海军的四艘衣阿华级战列舰，在太平洋战争中的大多数时间里，发挥着为航空母舰提供护航和防空火力支援等防御性任务，也曾为登陆敌军岛屿的己方海军陆战队，提供对岸

[①]　参见Sean M. Lynn-Jones, "Offense-Defense Theory and Its Critics," Security Studies, Vol. 4, No. 4, Summer 1995, pp. 660~691

齐射支援，但是在经过现代化改装后，在四十年后的海湾战争中，通过对伊拉克境内发射战斧巡航导弹，摧毁伊军的重要工事、部队与其他设施，是参与进攻的重要组成力量；连要塞这样的单纯防御性建筑，如果可以为进攻行动提供保障与配合的话，也可以具有进攻性，譬如德国在西线边境构筑的齐格菲防线，可以保证德军在东线实施闪击进攻行动时，争取有利的局面，等等，很多武器既可以用作进攻行动中，也可以发挥防御的功用。

因为攻防平衡理论的一个重要理论核心概念就是攻防区分，或攻防识别，这种批评观点试图直指攻防平衡理论的理论框架的核心，从而证明攻防平衡理论是一个无法自圆其说的理论。研究军事问题的专家，并且身为知名国际关系学者的约翰·米尔斯海默和塞谬尔·亨廷顿，就是这种批评的代表人物。另一名战争问题学者科林·格雷提出了这样的批评，武器本身没有攻防之别，区别武器攻防的，应当是分析武器运用的目的和方式。格雷甚至做出这样的观点，从未存在过进攻性的武器，而只有进攻性的武器使用者[①]。从后面对于攻防平衡理论批评的回应里，其实可以看出，格雷的观点在某种程度上，是否定了米尔斯海默等人在武器攻防区分上所做的那些批评，无意中认同了攻防平衡理论的真正攻防区分，不是局限于具体微观的武器上，而恰恰是对于军事力量的宏观运用上。

攻防平衡理论所遭受的第二种批评，是认为攻防平衡难以具体测量，无法进行有效的分析，因而不具备解释国际关系现象的基础。一方面，攻防平衡理论里面的核心概念——攻防平衡，包含了太多的因素变量，使得攻防平衡这个概念十分复杂模糊，难以准确清晰地把握；另一方面，对于攻防平衡，也就是进攻和防御哪一方占据相对优势，无法进行具体的量化实证检验，因而在应用价值上，会大打折扣。这一批评的主要代表人物是杰克·列维等人，批评的指向性也是攻防平衡理论最重要的核心概念，以及理论在

---

① 关于格雷的较为尖锐的批评声音，参见Colin S. Gray, *Weapons Don't Make War: Politics, Strategy, and Military Technology*, Kansas University Press, 1993

应用效力上的困难①。然而，值得注意的是，这种批评，其实更多针对的是范·艾弗拉等人发展出来的广义攻防平衡理论那一分支，对于攻防平衡概念过于冗杂，包含过多因素的反对和质疑，也是更多反映了那一较为不主流的攻防平衡理论分支存在的一些问题，而不是直接针对攻防平衡理论的"核心版本"。

另一种对于攻防平衡理论的批评，则是认为实际存在的攻防平衡往往无法被准确地把握和认知到，国家对攻防平衡的认识有着巨大偏差，甚至截然相反，因而攻防平衡理论试图在攻防平衡与战争冲突概率之间发现相关性的逻辑链条，由于人们的错误认知，而被不幸的中断了，因此攻防平衡理论也失去解释力了。

国家及其领导集体对攻防平衡没能完成准确的认知，主要是基于下面两个原因②。第一个原因是人们的认识，总是相对于技术的发展变化，具有一定的滞后性。由于技术的快速发展和变革，人们可能无法及时认识到，或者不很确定，这种新的技术会对攻防平衡带来怎样的影响，等到这种技术真正在战场上得到应用，验证了对攻防平衡的实际影响时，对于国家间战争爆发概率的研究，也无补于事了。另一个原因是，国内领导集团和相关的政治军事组织，总是有着各自组织部门的利益倾向和价值判断上的偏狭，会出于利益欲求考虑或有色眼镜影响，看不到技术对攻防平衡带来的实际变化，甚而进行曲解。即便人们正确认识了攻防平衡，由于国内官僚组织的各个部门，都有着潜在的保守顽固集团，倾向于维持固守原状，从而无法令国家及时对攻防平衡的变化做出反应行动。此外就是斯奈德等人提出过的军事参谋集团热衷的"进攻性迷思"，往往会将自身陷入其中，使得人们对于攻防平衡的认

---

① 参见Jack S. Levy, "The Offensive/Defensive Balance of Military Technology: A Theoretical and Historical Analysis," International Studies Quarterly, Vol. 28, No. 2, June 1984, pp. 219~138

② 参见Sean M. Lynn-Jones, "Offense-Defense Theory and Its Critics," Security Studies, Vol. 4, No. 4, Summer 1995, pp. 660~691

识发生扭曲，不能真实地看到攻防平衡的实际状况①。

巴里·波赞（Barry R. Posen）和布罗迪，甚至身为攻防平衡理论代表学者之一的斯奈德，都是这种意见的主要持有者②。其实，在前面有关范·艾弗拉等人理论的描述中，已经可以知道，范·艾弗拉和斯奈德等人建立起自己一套攻防平衡理论的初衷，就是解决认知中的攻防平衡和实际存在的攻防平衡之间的关系问题。因此，这种批评同上一种批评意见恰好相反，是针对杰维斯等人的狭义攻防平衡理论的。对于研究结构层次的一种理论，利用国家内部政治军事集团的关系和人类认知特点等单元层次的因素，甚至观念上的因素来批判，是否恰当，是否有种田忌赛马之嫌，这些都是值得再次思忖的。

第四种对于攻防平衡理论的批评，主要是批评攻防平衡这一因素，对于战争的爆发来说，并不是比其他方面因素更为重要的原因。这是在应用和解释能力上，认为攻防平衡理论并不太具有较其他理论那样大的理论意义和价值。批评者们认为，影响战争或冲突爆发的原因有许多，在这些多种因素当中，有远比攻防平衡更为主要的原因要素，分析这些因素的理论，比起攻防平衡理论，显然更有价值。他们列举了三种可能造成国家间战争的诱因：

第一种更重要的因素是国家的主观意图，或国家主动的战略目标选择，可能比攻防平衡更能够解释国家间冲突的原因。对于国家间是否发生战争来说，与其说是攻防平衡起到决定性作用，毋宁说是国家的战略目标选择，更加具有决定性作用。譬如两次大战中的德国，当时的总体战争特点和军事技术条件，其实更多的有利于防御，但是德国固持自己要修正国际体系现状、

---

① 参见Jack L. Snyder, "Civil-Military Relations and the Cult of the Offensive, 1914 and 1984," International Security, Vol. 9, No. 1, Summer 1984, pp. 108~146

② 参见Barry R. Posen, *The Sources of Military Doctrine*, Cornell University Press, 1984, pp. 56~73; Bernard Brodie, *Strategy in the Missile Age*, Princeton University Press, 1959, pp. 192~193; Jack L. Snyder, *Myths of Empire: Domestic Politics and International Ambition*, Cornell University Press, 1991, pp. 27~31

扩张领土的进攻性战略目标，依然无视攻防平衡的客观现实，一次又一次发动了战争[①]。

第二种更重要的因素是国家的总体实力，或者说国家的权势大小，军事力量的数量以及质量，比攻防平衡这一变量相比，更能够解释国家间战争的概率，征服他国或防御自身的相对可行性，即相对难易程度。在双方军事力量相差悬殊的情况下，即便防御占优，一个实力弱小的国家也不可能成功抵御一个压倒性强大的国家[②]。第一次世界大战虽然被一致认为是防御占优的时期，但是盟军最后还是依靠美军的参战，利用压倒性的数量优势，突破了德军的防御战线，击败了德国。此外，即便双方的军事力量相差无几，并且处于防御占优的大环境下，进攻一方的军队如果具有极强的战术技巧、军事素质，抑或是高昂的战斗士气，依然可以战胜防御占优条件下的防御一方。

第三种更重要的因素是国家的政治、社会乃至经济情况，会相较攻防平衡来说，对国家发动战争的原因，更加具有解释力量。譬如说第二次世界大战前的日本帝国，一方面由于经济危机的影响，使得国内充满危机矛盾，贫富不均，社会不公等现象日益严峻，极端思想泛滥，危及国家社会的稳定；另一方面由于国内军事组织集团在政治博弈中取得较大话语权，少壮派的参谋集团和更具有民粹思想的年轻士官崭露头角，形成了一种较为强硬激进的对外战略。批评者们认为，这些国内原因，比攻防平衡更深刻地解释了日本帝国走向太平洋战争的原因[③]。

这三种因素，有的是体系结构上的因素，有的是单元层次上的因素。攻

---

① 参见Jack S. Levy, "Everyone's Favored Year for War-or Not?" International Security, Vol. 39, No. 4, Spring 2015, pp. 208~217

② 当然，历史上也存在着一些特例，对于弱小国家发动战争动机的考察，参见T. V. Paul, *Asymmetric Conflicts: War Initiation by Weaker Powers*, Cambridge University Press, 1984, pp. 2~13

③ 参见Michael A. Barnhart, *Japan Prepares for Total War: The Search for Economic Security, 1919-1941*, Cornell University Press, 1987, pp. 15~21

防平衡作为同样的体系结构因素，并没有在理论中妄言过，攻防平衡是最为重要的因素。格莱瑟和考夫曼曾经将攻防平衡和国家的相对权势，国家的军事技巧这三个因素，共同作为分析战争爆发可能的原因，三个组成部分互相补充，缺一不可①。而国家层面上的因素，更多归属于分析特定国家的外交政策理论研究，同位于体系结构层次上的攻防平衡因素，比较谁的权重更大，不具有很大的意义。

还有一种对攻防平衡理论的批评，是以凯尔·利伯、斯考特·萨根、乔纳森·希姆修尼，还有格雷等人为代表的一类观点，认为攻防平衡理论过于看重技术对攻防平衡的决定性因素，某种程度上是一种非常偏狭的"技术决定论"。攻防平衡并不是由技术，特别是军事技术决定的，而是各国通过主观选择或主观能动性主动营造的②。最典型的例子莫过于第二次世界大战之前，以古德里安为代表的德国军官，开拓性地发现和重视了坦克的崭新使用方法，开创了"闪电战"这一人类军事史上出色的进攻战法，而与此同时期相对应的，法国只将坦克作为协助步兵的一种辅助性武器，没有集中形成装甲集群，而是分散部署于各个连队中，对于防护性的要求也大大超越了机动性，两国军队后来不同的军事表现，一定程度上超越和打破了当时防御占优的大环境条件。另外一个例子是在第一次世界大战中，德军尽管已经认识到当时攻防平衡中防御所占的巨大优势，但是依然相信依靠战术的改进、谋略的出众以及依托德军更好的训练和士气，可以冲破对方的防御优势，改变战场的局面，因此德军不断地发动了波状的"皇帝攻势"。这些例子说明，人会主动利用各种条件，来试图改变或突破技术的限制，从而在某种程度上发挥超越攻防平衡影响力的能量。批评者们认为，攻防平衡理论应当重视人的

① 参见Charles L. Glaser and Chaim Kaufmann, "What is the Offense-Defense Balance and Can We Measure It?" International Security, Vol. 22, No. 4, Spring 1998, pp. 44~82

② 参见Keir A. Lieber, *War and the Engineers: The Primacy of Politics over Technology*, Cornell University Press, 2005, pp. 76~77

作用，关注人与技术的结合，这将比单纯技术决定的攻防平衡，更加具有解释和影响力量。

这种批评观点，和上一种观点非常类似，前者是批评攻防平衡理论中的攻防平衡，不是影响战争可能性的最重要的因素，后者是批评影响攻防平衡的众多因素里，技术不是最重要的因素。两者背后的理论逻辑，可以说也是一样的。这些批评自然也同上面谈到的一样，并没有抓住攻防平衡理论的理论关键，因而不具有很大的意义。

除却这些主要的批评声音之外，也有一些学者批评攻防平衡理论的理论出发点，即减免战争爆发概率，促进合作与和平，预先设定了防御占优的理论前提，而实际上攻防平衡并不总是防御占优，攻防平衡理论没有回答在进攻占优时，国家应当如何实现合作，保护自己的安全[①]。当然，这种批评是一种更加非主流的批评意见，因而对于发现、改善攻防平衡理论的真正问题，帮助同样不大。

2.4.2 攻防平衡理论的回应

任何理论都会或多或少存在一些局限或不足，自然也会面对很多对于理论自身的批判，攻防平衡理论也自然不会例外。对于攻防平衡理论的批评，经过前面部分的逐一仔细分析之后，大致可以分成三种情况：第一种类型的批评，是对理论没有进行比较准确的理解，认为理论存在一些问题，从而提出了批评论点。这种批评，通常没有实际准确地定位于攻防平衡理论的真正理论内涵，更多的是一种对理论的误解，或是无的放矢，只需要澄清相关的理论概念和框架，即可进行有效的反驳和回应。第二种情况则是由于攻防平衡理论本身含有不同的分支流派，许多对于攻防平衡理论的批评，往往是针

---

① 参见Sean M. Lynn-Jones, "Offense-Defense Theory and Its Critics," Security Studies, Vol. 4, No. 4, Summer 1995, pp. 660~691

对较为非主流流派的批评，因此，这种批评一方面可以帮助对理论的反思和理解，另一方面也没有对主流核心理论进行直接的攻击和反对，在坚持攻防平衡理论主流分支理论的情况下，这种批评对于进一步完善理论，是拥有部分参考价值的。最后一种批评，一定程度上，反映了攻防平衡理论自身的实际不足或表述上的一些问题，抓住了一些重要方面，但是经过对于攻防平衡理论本身概念和框架的再度明确和梳理，对这些问题可以得到一定程度上更好的解决。攻防平衡理论面对上文谈到过的各种批评意见，进行了以下的回应或理论辩护[①]：

首先，针对攻防无法得到区分，攻防平衡难以衡量的批评。其实，这种批评与质疑，也是由于对攻防平衡理论的核心概念——"攻防平衡"的阐述不够清晰明确有关。先准确定义好"进攻"与"防御"的概念，其次才是定义攻防区分，进一步才是解决攻防孰更占优的问题。实际上，相比较"攻防"的概念，"平衡"的理解更加容易解决。无论该理论不同学者采用何种不同的描述方法：比如杰维斯的难易程度比较，格莱瑟和考夫曼的成本比较，抑或是彼得尔的效率或者军事效率（Military Effectiveness）比较，抑或是范·艾弗拉的具体武器的效果比较，实际上都是表达近似的意思。某种程度上这些表述用语，都是相对难易程度的同义词或近义词。如果将攻防定义妥当了，攻防的区分和攻防平衡的定义，也就水到渠成了。

现有攻防平衡理论的不同学者确实对于"进攻"与"防御"在具体定义上用法各异，含混不清，有时指国家的战略目标，譬如杰维斯，有时又指国家采取的军事行动，譬如彼得尔，还有时指代具体战场双方的身份角色，譬

---

① 其中，大多数归功于林–琼斯在这方面做的重大的理论梳理工作和突出的理论研究贡献，参见Sean M. Lynn-Jones, "Offense-Defense Theory and Its Critics," Security Studies, Vol. 4, No. 4, Summer 1995, pp. 660~691; Sean M. Lynn-Jones, "Does Offense-Defense Theory Have a Future?" International Security, Draft in 2001, pp. 5~38

如格莱瑟和考夫曼[①]。具体战场军事意义上的进攻与防御，同国家战略政策目标上的进攻与防御，显然是不同的。攻防平衡理论应当指示的是后者。正像攻防平衡理论的批评者们指出的那样，实际上也是某种程度上的人类常识，战争中没有绝对的进攻军事行动或防御军事行动，也没有绝对的进攻属性的武器或防御属性的武器，而只有相对性。这种相对性体现在何处？体现在一个国家军备发展的侧重上，体现在军事部署的特征上，更体现在国家战略的目标和政策上。因此，进攻与防御，应当定义为国家战略政策目标上是积极（Aggressive）还是消极（Defensive），而攻防平衡，则是这两种方向性质不同的目标，在特定的时期条件下，哪种目标能够花费更少的成本，能够更加容易地实行。

另外，对于攻防平衡理论最多的批评，也就是武器无法被区分为进攻武器与防御武器，其实这是最没有意义的一种批评。不管是攻防平衡理论的支持者，抑或是其反对者，他们或多或少都承认，绝大多数武器和技术都有进攻和防御这双重性质用途，不那么容易，甚至也不能够被绝对区分为"防御性的"或者"进攻性的"。不过，在既定的战术、战略条件下，一种武器可以相对地有利于进攻或防御，这在作战层次以及更加上一级的战略层次，表现得更为明显。诟病对武器攻防识别不清的，都是拘泥于具体的武器、具体的战场、具体的战术。攻防平衡理论如果一定要分清军事力量的进攻和防御属性，应当着眼研究的也应该是作战以及更高的战略层次，例如，国家的军备发展侧重、军备构成结构、军事力量部署、军事作战计划、军事作战信条，乃至国家的战略目标，等等。当然，这并不是攻防平衡理论的主要目的

[①] 分别参见Robert L. Jervis, "Cooperation Under the Security Dilemma," World Politics, Vol. 63, No. 3, January 1978, pp. 167~214; Stephen Biddle, "Offense, Defense, and the End of the Cold War: Criteria for an Appropriate Balance," Defense Analysis, Vol. 11, No. 1, October 1995, pp. 65~74; Charles L. Glaser and Chaim Kaufmann, "What is the Offense-Defense Balance and Can We Measure It?" International Security, Vol. 22, No. 4, Spring 1998, pp. 44~82

和研究重点。攻防平衡理论所要研究的攻防平衡，是进攻与防御两者的相对难易程度，也就是国家将自身权势转化、应用于进攻或防御目标过程中，转化的相对难易幅度，同武器的具体攻防属性区分，往往关系相对不大。杰维斯在其四个世界分类法中，也详细说明了，即便在攻防无法区分的情况下，研究进攻占优和防御占优分别对国际体系和安全困境的不同影响，依然可以得出跟攻防可以区分条件下，同样有意义的结论。林-琼斯曾经列举了一个最极端的例子来反驳批评者的观点：假设国际体系只存在一种完全绝对中立属性的武器，该武器无法被区分为进攻性武器抑或防御性武器，然而根据技术的发展、地理因素的变化和各种其他因素影响，国家进行进攻与防御的相对难易程度依然会是不同的，攻防平衡依然存在[①]。由此可见，对于攻防平衡最普遍的一种批评，其实攻防平衡理论自己早已进行了解答。

其次，针对攻防平衡理论似乎彰显了一种"技术决定论"的批评者们，认为地理[②]、国家总体实力、精神士气、组织训练、资源、外交、联盟乃至认知等因素，也起到作用。这在前面已经提到，将多种因素杂糅，并不是完善理论的有效途径。一般意义上讲，技术起到结构性限制的作用，其他因素只有被研究的各国在技术条件相同或相近时，方才有意义。当代战争特点决定了，甚至更加凸显了技术的重要意义，人们看到，像两次世界大战那样的传统战争中，曾经涌现了大量的"王牌"飞行员和坦克手，但是随着技术的影响权重不断加大，这样的王牌数量逐渐减少，在上个世纪末的几次准高科技战争中，几乎不再产生这样的传奇英雄人物，战争对技术装备的依赖性更加大了[③]。换句话说，技术是影响攻防平衡的最重要的限制或影响因素，即便不

---

① 这一极端例子见于Sean M. Lynn-Jones, "Offense-Defense Theory and Its Critics," Security Studies, Vol. 4, No. 4, Summer 1995, pp. 660~691

② 鉴于地理条件相对来说是一个常量，故而学者们不常对其进行深入讨论

③ 参见Jun Hyuk Park, "Offense, Defense, and Preventive Attack after World War II," Purdue University Dissertation, 2012, pp. 15~21

必然就是"决定性"因素，但它无疑是不可忽视的重要因素。攻防平衡理论是一种立足于体系层次的结构理论，因此攻防平衡也必然立足于体系结构层次上的因素，技术无疑是其中最为重要和关键的。如果否定了这一点，攻防平衡理论也就蜕变成一种国家外交政策分析理论，也就没有什么存续研究的意义了。

针对攻防平衡中，进攻占优和防御占优各自不同情况下的特征问题，从长期理论经验来看，军事技术和战争特性的周期性革命与进化，决定进攻是"主旋律"，而防御是"间奏"，防御占优的历史时期远远少于进攻占优的时期。即使在防御占优的时期，国家如果坚持进攻的国家战略，国家间依然有爆发战争的危险①。然而研究具体国家的政策分析，并不是攻防平衡理论所要关注的，攻防平衡理论研究的是在进攻占优或防御占优的情况下，战争爆发的可能性，具体预测和解释某场具体国家发动的战争，是单元层次的国家政策理论所要关注的具体特例，而不是身为体系结构层次理论的攻防平衡理论的理论任务。

再次，对于实际攻防平衡的检验与测量问题，相关批评往往指出攻防平衡难以精确检验。现有攻防平衡理论，特别是攻防平衡理论的广义理论分支，的确存在这一问题，然而这并不是该理论所要单独面对的批评。任何根基于理性主义前提假设，根基于历史与现实经验的定性分析的国际关系理论，都要面对这个共同问题。理论本来就是对现实经验的提炼概括，不可能包含每个方面，试图包罗万象的理论也就不再是"理论"，而只是对现实一种简单的复述了，也就不具备任何理论的精简性和解释现实的能力了。实际上，是否所有的国际关系理论，乃至社会科学理论都可以，或者说，都应该被纳入进行量化研究范式？在这一点上，本作是持一定保留意见的。况且经过格莱瑟和考夫曼、彼得尔、亚当斯等人的努力，在攻防平衡的测量验证上

① 参见Sean M. Lynn-Jones, "Offense-Defense Theory and Its Critics," Security Studies, Vol. 4, No. 4, Summer 1995, pp. 660~691

取得了一定程度的深化和进展。

　　另一个经常面对的批评，就是各个国家及其领导人往往对于攻防平衡有着认知上的偏差，也就是说，存在于他们认知观念中的攻防平衡，同现实中实际存在的攻防平衡，往往存在不一致，甚至完全偏差相反的情况。由于人的认知水平的客观局限性，无法完全准确地把握真实的攻防平衡，这确实是国家政治中不可避免会存在的一个方面，譬如一战和二战两次世界大战的爆发，实际上都是各国对于实际攻防平衡的错误认知，导致非常不恰当地发动了战争，或者采取了不恰当的外交政策，导致了战争的最终爆发。实际上测量、检验攻防平衡的问题，也可以看成认知攻防平衡问题，是同一个问题，也就是说，人们如何尽量准确地去把握现实中实际的攻防平衡？过去人们往往依靠直觉、经验与常识基础，进行大概的归纳与判断，的确难免会产生错误与偏差的可能。所幸的是，随着网络信息时代的到来和大数据技术的全面展开，全球各种信息的交流、获取更加透明、方便，国家的行为意图、战略部署可以得到更加尖端的科技手段来侦测感知，战略政策制定程序受到各国情报系统的更多态势监控，大众信息化政治使得秘密外交和寡头小集团的独断专行，变得更难以执行，人们对于攻防平衡的判断分析，在智库机构的不断发展下，会更加接近实际情况[①]。人们或许无法完全解决攻防平衡的认知偏差问题，因为人脑毕竟不是机器脑，会犯各种各样的错误，但是如何尽量地让认知中的攻防平衡接近实际的攻防平衡，相信在未来，随着人工智能和大数据分析等一系列信息科学技术的进一步发展，对于攻防平衡的检测与认知问题，可以越来越好的得到解决。然而，这个问题，实际上也并不影响攻防平衡理论发挥作用，举一个非常具有类比性的例子，比如国际关系理论中的权力理论，一直是研究国家政治现象的一个非常经典和实用的理论，然而人们对于自身国家权力的大小的认知，也往往不会完全等同于国家实际上拥有

---

① 参见Sean M. Lynn-Jones, "Does Offense-Defense Theory Have a Future?" International Security, Draft in 2001, pp. 5~38

的权力，但这依然没有妨碍权力理论的巨大而广泛的理论解释价值，同样的道理，攻防平衡理论也不会因为认知与实际攻防平衡的一些差异，而完全丧失其自身的理论价值。

此外，对于攻防平衡理论的实践应用问题上，批评者们的认识也存在误区。他们认为对于攻防实际孰更占优，只能在战争结束后才能得到验证。由于进攻方取得了胜利，因而进攻占优，或由于防御方取得了胜利，因而防御占优。这种推果为因，循环自证的问题，类似于一种"套套逻辑"，使得攻防平衡理论完全没有实践指涉，很难有应用价值[①]。第二次世界大战中，盟军最终取得胜利，更多是由于盟国的总体权势或实力远远大于轴心国，而不是因为进攻占有巨大优势。然而，攻防平衡理论并不是教导人们如何"打赢战争"的理论，而是告诉人们战争为什么更容易爆发，如何尽量"避免战争"，争取安全与和平的理论。因此该理论只探讨战争与和平的概率与可能性，而不探讨战争的最终胜负。因此，上面提到的国家权势或总体实力上的差距，并不应该在攻防平衡理论的考虑之内。前面也已经提到，攻防平衡作为影响国家间关系的一个重要变量，同国家的权势分布等结构性制约变量，平行的同属于一个层次，既不从属于前者，也不打算妄言超越前者，各种理论倡导的因素应当互相补充，有机结合，共同为解释国际关系相关现象提供助力，而不是争论哪个最为重要。因为目前没有任何一种国际关系理论，能够自诩可以单独解释国际政治中的所有问题和现象。

2.4.3 攻防平衡理论经林–琼斯等人辩护后仍然存在的问题与不足

在上面一个部分，已经列举论述了攻防平衡理论一直以来受到的各种各样的质疑和批评。攻防平衡理论的支持者和发展者们也在积极予以应对，不

---

① 参见Peter Liberman, "The Spoils of Conquest", International Security, Vol. 18, No. 2, Fall 1993, pp. 125~153

断地对理论加以明晰，加以改进。随着理论的不断丰富发展，特别是林-琼斯等学者的研究努力下，相当程度上已经弥补解决了理论自身存在的一些争议之处。应该说，对于攻防平衡理论的批评中，有些较为准确地指出了该理论的关键要害的地方，也有一些批评，自身也存在一些很难经过推敲的理论表述，还有的往往是由于对攻防平衡理论的概念产生了误解，而并不是攻防平衡理论本身存在的问题，更有的是批评攻防平衡理论的不同分支，没有弄清楚所要批评理论的具体对象，等等。因此，以格莱瑟、林-琼斯为主的攻防平衡理论的捍卫者们，通过对理论观念的再次明确阐述，对理论的一些模糊地方进行澄清和完善，已经能够对大多数批评进行辩护和回应。然而，攻防平衡理论并没有被作为一个绝对完美的理论来打造，即使经过这些改进完善后，仍然也会存在一些理论解释领域上的局限性。特别是进入二十一世纪，在新的技术革命下，新的技术发展特征，对攻防平衡理论提出了新的改进要求，攻防平衡理论面对这种新的挑战，需要进行一定的改进与完善。

第3章 攻防平衡理论面临的新技术挑战

3.1 新技术革命下技术的发展与战争形态的变化

科学技术革命，是指在特定时间段内，科学技术发生的根本性的进步与质的飞跃进化。人类历史上历次技术革命，都极大地改变了人类生活的各个方面，也深刻影响了国家间的关系特征。由于科学技术革命的推动和影响作用，会深刻作用于国际政治的总体结构，施加一种体系层次上的影响，因此某种程度上会左右和制约这一时期的国际政治总体特征[①]。在这些特征中，当然也包括攻防平衡特征，由于前面提到的攻防平衡对于技术因素的敏感性，技术革命会对攻防平衡及其理论，带来许多新的问题与挑战。发生在离当下最新近的一次新技术革命，是肇始于20世纪五六十年代，迅速发展于七八十年代的，以核技术、空间技术和电子信息技术为代表的新科技革命。进入到新世纪之后，这一新技术革命在深度和广度上进一步扩展，并且技术发展更新的速度愈来愈快，为人类社会的各个方面带来了许多新的特征与变化。当今时代新的技术发展，使得攻防平衡的特征，发生了许多新的变化，而新技术革命对攻防平衡带来的最直观的变化，就是使得国家间的军事冲突乃至战争，发生了极大的变化，展现了许多新的特征，演变出了许多新的形态。攻

---

① 参见陈岳：《国际政治学概论》（第三版），北京：中国人民大学出版社，2010年，第188~194页

防平衡理论一直以来所研究的传统的战争方式，在进入信息时代后新的技术革命推动下，其面貌早已经大不一样。新技术革命下新技术的发展，给当今的战争形态特征，主要带来了如下这些变化：

3.1.1 新时代的战争更加趋向于一种复杂、立体化的战争

像前面章节部分曾经简单论述过的那样，在20世纪八九十年代，信息技术变革刚刚开始初露端倪的时候，信息化、高科技化战争，就已经是今后战争的主要发展方向，至少这一大的趋势，已经在海湾战争等实际例证中，得到了部分的显现。这种战争同传统战争不同，简单的数量优势和旧有的作战理念，已经不再适应这种更加具有复杂性的高精尖战争。由于新技术革命下科学技术的发展，令人类得以涉足的领域进一步拓展，无论是宇宙太空空间，还是网络虚拟空间，人类活动的范围和深度，都大大地拓展，各个国家也将这些新领域，视作未来竞争的新的竞技场，这些新领域对于军事的重要性，也自然而然被人们所注意和重视。同时，各国既有的陆海空力量，以及核力量这些原有领域，也一直随着技术的进步而得到在原有层次基础上的进一步复杂化发展。新时期的战争，将是一种包含了众多不同的军事力量领域的战争，既包括传统的陆地军事力量，还包括海上和空中军事力量，以及战略核力量，在此基础上，还有外层空间和网络电子空间，由这些力量来共同构成，因而是一种立体化的战争。战争的更加立体化，涵盖了陆海空、网络以及外空间等多维度的众多领域，使得战争态势也更加复杂化。之前平面战场意义上，占有广大陆地和陆军的国家，其可能优势部分程度上得到了抵消，而在新领域率先取得技术突破，占据技术优势的国家，将相对地取得更佳的有利位置[①]。这对于攻防平衡的变动来说，也将具有新的影响和意义。

---

① 参见James D. Fearon, "The Offense-Defense Balance and War since 1648," Draft in 1997, pp. 1~40

3.1.2　各国军事力量对技术的依赖程度会更大

新时代战争中的各方军队，将比较以往传统战争中的军队来说，对技术，特别是尖端的信息、空间等新技术，将更为依赖。技术水平的差距会给作战各方的军事力量，带来巨大的，甚至是代际的差距。譬如从第二次世界大战到五十年代中期，也就是螺旋桨战机和早期喷气机的年代，美国在战争前期使用的F2F野水牛战斗机，几乎同苏联的伊尔15战斗机的性能不分伯仲，而战争后期的P-51野马战斗机相比较苏联的拉格7、雅克9等飞机，就已经开始显示性能上的不同，随后美国在战后生产的F86佩刀战斗机和苏联近乎同时代的米格15之间，依然存在一定的性能差距，并且这种差距就已经逐渐拉大，而到了七八十年代以及之后的信息时代，美苏之间战机性能的差距则越来越大，美国在战后使用的最经典的战斗机F-16战隼的性能，远远超过了同时代的苏系战斗机，米格-23、米格-29乃至苏霍伊-25等飞机，这些苏系战机都被F-16大量击落，而F-16至今仍然保持着没有被击坠的记录，可以说已经打出了一个代际的差距。在传统战争中，某一方如果采用某种技术，可以获得一定程度的军事力量优势，但是这种优势并不是那样显著，以至于很难被逾越，就像盟军在第二次世界大战期间，的确一开始在面对德军的性能优异的四号、虎式等优秀坦克时，遭遇被动局面，但是很快盟军各国在技术上进行了加紧研发，生产了T-34、萤火虫等坦克加以抗衡，很快就抵消了德军装甲部队的性能优势[1]。但是，在新技术条件下的新高科技战争中，技术优势所能带来的军事力量性能差距，可能是巨大的、代际的，而且在短时期内完全无法解决和赶超的。因此，新的战争将更具有技术指向性与技术依赖性，国家也必然对技术的发展更加敏感和重视，技术发展变化对攻防平衡的影响也

---

[1]　参见Keir A. Lieber, "Grasping the Technological Peace: The Offense-Defense Balance and International Security," International Security, Vol. 25, No. 1, Summer 2000, pp. 71~104

将更加巨大。

3.1.3　各国军队将对武器装备或作战平台更加依赖

在今后的新型战争里，各国军队将更加依靠武器装备或作战平台，更加依靠作战信息系统。换句话说，在未来可能发生的高技术新型战争中，各国的军事力量，将更多依靠武器装备或作战平台，来构成主要的核心力量，而在以往的传统战争中使用的大规模的步兵力量，将不再发挥关键作用。在第二次世界大战中，参战各方仅一个战区的一场战役，就投入数十万乃至数百万人数的军队，而武器装备、作战平台在军事力量总数中的比例，比如车辆、战机等，则可能只有数千辆/架次，国家更多依靠的是步兵及其单兵火力形成的规模效应，而在几十年后的伊拉克战争中，美军一共只有几万的军队，远远少于伊拉克的政府军，但是美国军队中武器装备的比例，要远远高于传统配置的对手，也远远高于自己在二战中的比例水平。武器装备和作战平台在军事力量中比例的急剧升高，使得装备和平台对于具体国家的军队来说，有着更为至关重要的意义。如果缺少足够数量的装备，或者仅仅拥有技术性能水平落后的装备，将很难对抗拥有装备数量优势或者质量优势（或者两者兼具）的敌军。即便凑集再多的手持普通单兵武器的一般步兵，也无法扭转这一装备技术上的劣势。在面对装备技术优势不是那么明显的日本帝国陆军时，亚洲各国的游击抵抗组织，尚且勉强可以依靠"小米加步枪"的游击战术，来歼灭少数的日军，但是，在短短的五六年后，无论是在训练组织，还是在战斗经验上，都属于当时世界相对领先水平的美军驻韩部队，在缺少重型装备的前提下，面对苏联提供朝鲜的区区270余辆T-34坦克，就完全无法抵挡，不得不进行撤退[①]。而这仅仅是五六年的技术差距，以及仅仅两百

---

① 参见Robert L. Jervis and Jack L. Snyder, *Dominoes and Bandwagons: Strategic Beliefs and Great Power Competition in the Eurasian Rimland*, Oxford University Press, 1991, pp. 145~148

多辆坦克的装备差距而已，很难想象，在当今的信息时代，哪怕几十万，甚至几百万的步兵，可能都无法抗衡一支拥有高精尖武器装备的军队。以往传统战争中，以漫山遍野的步兵冲锋等为特点的人海战术，在今后主要依托武器装备和作战平台的高科技水平战争中，其威力也已经远远没有之前的那种决定性优势作用，而更多的或许只有荒诞的喜剧性效果。

3.1.4 信息技术在新时代战争中的巨大作用

新时代信息战争的一个极为显著的特点，就是信息技术在战场上的巨大作用。现代军事作战更加立体、复杂，对于战场信息的把握和控制，对于各层次军事组织力量的统一、有序的指挥调度，都需要依靠以通信网络技术等为代表的信息技术的支持，形成一个作战指挥的通信网络平台。现代战争所要涉及的军事力量种类众多，战场形势更加纷繁复杂，并且随着信息化程度和部队装备技术专业性的不断提高，军事力量对于作战信息网络的依赖度更大。而通信网络系统一旦遇到干扰或故障，就会令整个部队的各个部分彼此失去有机联系，使得依托战场指挥信息链运行的各种尖端武器装备，无法发挥正常作用，因而，对于作战通信网络的攻防较量，可能会很大程度上预先决定随后物理装备交锋上的胜负[1]。信息情报战、电子战、网络空间战等新的作战领域，将成为同传统作战领域同等重要，甚至具有更加关键作用的战场。美军在20世纪九十年代末提出的，并且在伊拉克战争等一系列高科技战争中部分践行的一种战术理念，即"震慑"战术（Shock and Awe），就是一种类似于信息网络基础上的闪电战[2]。在保持己方对战场信息全方位掌握的基

---

[1] 参见David H. McIntyre, "Taming the Electric Chameleon: War, Offense-Defense Theory, and the Revolution in Military Affairs," Maryland University Dissertation, 1999, pp. 40~45

[2] 参见Robert J. Art and Kenneth N. Waltz, *The Use of Force: Military Power and International Politics*, Rowman & Littlefield, 2004, pp. 116~119

础上，对敌方的通信指挥中枢和关键节点进行精确打击和瘫痪，从而使对方处于首尾不能相顾的混乱状态，从而极大地瓦解被震慑方把握战局信息的能力，特别是继续战斗下去的意志。世界上很多国家在进入新世纪之后，也格外重视对信息网络攻击能力的培养，并且进行了一些形式较为隐蔽的演练[①]。可以看出，在不远的将来，围绕各国部队作战行动对于信息指挥系统的更大的依赖程度，可以极大地改变原有的攻防平衡态势，成为攻防平衡中一种新的左右因素。

3.1.5 各国的军事装备将更加精简浓缩

国家间的战争从20世纪的传统战争，发展到当今信息时代的高科技战争，各国军事力量的装备构成特征，发生了很大的变化。总的来看，单个武器装备的技术含量更为浓缩，武器装备中技术因素的有无，甚至技术水平的高低，都会深刻影响这件武器装备的实际军事作战效力[②]。当代战争中所使用的作战载具或作战平台，除却在战斗攻击力、防护力和机动力上有大幅度的提高外，同时还装配有多种如火控系统、通信系统、情报系统等其他技术系统，共同协同工作。一件武器上，密集凝聚着多种尖端技术的组合，各种技术共同配合协调运作，方能发挥武器装备的超强功能，其科技的含金量，自然比一般的普通武器装备要更高。举几个最直观而明显的例子，美军使用的最新锐的飞机和战舰，F-35闪电Ⅱ战斗机和阿利·伯克级第3型护卫舰，无论是在外观和武器使用界面上，都是使用的最先进的材料技术、电子器件技术以及信息数字技术，比较起二战时使用虚拟信号和传统造法的F4U海盗旗战

---

① 俄罗斯和朝鲜的黑客在近年来，都曾分别尝试攻击美国和日本的商业公司网站乃至政府网络，其背后往往有着各种政府支持下，进行试验演练的迹象和色彩

② 参见Jack S. Levy, "The Offensive/Defensive Balance of Military Technology: A Theoretical and Historical Analysis," International Studies Quarterly, Vol. 28, No. 2, June 1984, pp. 219~138

斗机和弗莱彻级驱逐舰，要融合了更多的科技，造价也要昂贵许多，甚至比较20世纪末的先进武器F-15鹰式战斗机和阿利·伯克级第1型驱逐舰来说，即使才过去十余年的时间，新的武器装备在各种技术细节上和技术比重上，也都是更为先进的。

这种技术"密度"上的提高，固然使得单个装备的科技水平和作战能力，达到空前的高端水平，但是与此同时，武器的单位造价也变得直线升高。再举一个比较不恰当的极端例子，美国目前最先进的战斗机之一F-22猛禽战斗机，由于过于先进与昂贵，造价接近天文数字，因此每年的生产量只有一到两架，而美国在七十年前的生产技术水平，每年就可以达到生产两到三万架各式战机。试想一下，一年用来制造一架F22的金钱和时间，可以用来生产近万架普通的传统旧型战斗机，换句话说，在资源相同的情况下，美国在单位时间生产的F-22的总量，必然没有生产相对落后的飞机的总量那样多，甚至远远比后者要少。在当今时代，越高精尖的武器装备，其成本密度也更加浓缩，这样会导致装备总数量的减少和精简化。美军近几年来，至今也只生产出来了不到两百架F-22，而同一时期其他国家生产了更多架次的性能稍逊F-22的各式战斗机。此外，对于各个国家来说，更为不妙的一个方面是，由于新时期武器装备的总体数量更加精炼、少量，每件武器装备的价值权重更大，每损失一个单位的武器装备，就相当于在以往传统战争中损失数十个，甚至上百个单位，对于一国总体军事力量的损伤程度，也是无法同过去相提并论的[①]。这些都会使得损失装备乃至输掉战争的代价，也变得更加巨大高昂，从而令战争的形式变得更加激烈与残酷。

---

① 参见David H. McIntyre, "Taming the Electric Chameleon: War, Offense-Defense Theory, and the Revolution in Military Affairs," Maryland University Dissertation, 1999, pp. 58~60

3.1.6 当今战争的持续时间更加短促，更为激烈，更加具有决定性

以上论述的所有这些特点，如战争领域更加多元立体化，参战各方军事力量对信息、空间等技术为代表的新科学技术的依靠程度更大，单位武器装备的技术密度，比过去相比更加密集，单位武器装备的成本更加昂贵，导致武器装备的总量减少，每一件武器装备都成为宝贵稀缺的精英力量，价值权重更加高昂，等等，都会共同导致一个结果，那就是将导致战争的进程与持续时间愈发短促，愈发激烈，愈发得具有决定性特点。

第二次世界大战时，可能需要多发反坦克RPG火箭筒，才能够击毁一辆敌方坦克，而现今只需要一架反坦克直升机，就可以同时锁定并击毁多辆坦克。由于武器装备的战斗效力大大提高，而武器装备的总量又大大浓缩精简，今后的高新技术战争，很有可能在几个小时，甚至几十分钟内，就已经决定了胜负。国家积攒采备数年甚至十数年的军备，也不过是数千件，远远低于传统战争时期一国一年的装备产量，而这辛苦积攒采办十数年的军备，则很可能由于时机或战术上的被动，会在短短一个上午被全部摧毁，而通过生产甚至购买来恢复战前的军备水平，可能需要数年甚至十数年的漫长时间，在从失败到完全恢复战前水平这段时间，该国将在相当程度上任对手摆布[①]。

由于武器装备的高价值权重、高技术密度和极端难再生产性，这就导致每击毁一件敌方武器装备，就可以为己方军事力量带来更大的利得和优势，而相对的每损失一件武器装备，都会成为己方军队的难以弥补的重大损失，对于之后抵挡对方的军事力量，会变得更加吃力，甚至处于一种近乎绝望的被动境地。战争持续时间更加的短促，失败造成的损失和打击更加痛彻，造

---

① 参见Evan B. Montgomery, "Breaking out of the Security Dilemma: Realism, Reassurance, and the Problem of Uncertainty," International Security, Vol. 31, No. 2, Fall 2006, pp. 151~185

成的损失更加难以在较短时间内得到恢复，因而也将使得一场战争更加具有决定性作用。当今新的时代技术条件下，在新技术革命的催化下所演变出的新的战争形态，决定了攻防平衡一个较为明显的趋向，一句话来说，那就是总体上趋向于进攻占优。当今时代的各个国家，在面对紧张局势和利益冲突时，会对威胁更加敏感，对自身安全更加焦虑，对于危机的解决和外交的谈判都会愈发得缺乏耐心，积极、主动甚至"先发制人"的进攻性思想，会再次诱惑着各个国家，当今世界有再度陷入进攻闪击崇拜的威胁趋势，即当今国际体系中的攻防平衡，将有可能向进攻占优的一侧倾斜，国际体系中冲突及战争的概率，会在一定程度上上升。这种战争形态特征的变化，对一直以来立足于分析传统型战争的攻防平衡理论，带来了新的变化与挑战，使得一些原有的分析框架和结论，不再适应新情境下的要求。

譬如说，根据已有的攻防平衡理论的论述和判断，核武器是一种使得持有者一方拥有绝对的防御性优势的战略性武器。攻防平衡理论在当初也做出了这样的结论，即是时的国际体系是防御占优的[①]。是具体哪些因素变化，让这一论述跟当今时代进攻占优的事实结果或趋势，发生了某种程度上的矛盾？为什么核武器会丧失绝对防御性的制御作用？到底是什么具体因素，导致了在新技术革命的带动下，攻防平衡向进攻占优一侧进行了偏移？所有这些问题，都侧面反映了在变化了的新技术条件下，既有攻防平衡理论中的一些原有变量，对于攻防平衡来说，产生了一些大不同于以往的新的意义，而这种变化了的意义，对攻防平衡可能产生的影响，将一定程度上要求攻防平衡理论在这些变量因素上，进行一些修正与完善，下面的部分将试图给出一些初步性的探讨。

---

① 参见Robert L. Jervis, "Cooperation Under the Security Dilemma," World Politics, Vol. 63, No. 3, January 1978, pp. 167~214

3.2 新技术条件下旧有因素的变化

攻防平衡理论在新技术革命条件下，除却上面部分分析的新变化，会给攻防平衡带来许多新的特征之外，影响攻防平衡的许多原先就发挥作用的旧有因素，也会在新的科学技术条件下，发生一定程度的功能变化，从而发挥一些不同以往的作用，展现出对于攻防平衡来说，不同于过去的新的意义。

3.2.1 在新技术条件下地理因素作用的变化

地理因素是除了技术因素之外，对于攻防平衡有着相当大影响的因素，起着极为重要的作用。地理因素的一个突出特点，就是它是一个相对较为稳定的常量。但是，正像地理政治学者们的长期研究所展示的那样，地理因素虽然本身十分稳定，不会有剧烈的变化，但是随着新的技术的发展和应用，地理条件在结合了新的技术条件下，对于人们的意义和用途来说，则会发生一定的改变①。而新技术革命带来的最大特征，就是全球化和立体化，这在相当大程度上打破了之前很长时间内世界各地的地理隔阂，也打破了战场长期以来的平面化单一状态。在高新技术战争中，在新的立体化的军事力量面前，过去享有一定地理防御优势的国家，可能会在一定程度上被抵消掉其优势。譬如说，拥有地理屏障的国家，根据之前的攻防平衡理论研究，应当处于一个相对有利于防御的状态，然而由于现代军事力量中海空力量的比重逐渐增大，对于传统巨量陆地部队来说，或许是麻烦与阻碍的各种地理屏障，

---

① 有关地理政治理论在该方面的分析, 参见吴征宇:《地理政治学与大战略》, 北京: 中国法制出版社, 2012年, 第三章节, 第66~67页

对海空军事力量来说，影响可以说是微乎其微，进攻方的海空力量特别是空中力量，可以轻松跨越地理屏障进行攻击，因此部分抵消了地理屏障的防御优势。

通常来说，在以往的军事历史中，拥有巨大国土腹地，以及丰富资源、人口的大国，一直以来相对上享有巨大的防御性优势。然而这种在平面化战争情境下，占据优势的地理特点，在立体化的高科技战争中，其优势可能要大打折扣。高科技战争的各方较量，更加依靠的是浓缩了尖端技术的武器装备或作战平台，而不是海量的普通步兵构成的巨型陆地人海。在没有装备平台的情况下，这种妄图使用简单、野蛮的数量优势，来对抗对方装备力量的想法，是很难实现的。想要对抗持有一定的高技术含量的武器装备的敌军，防御方也要动用同样或近似技术等级和战斗性能的装备来与之对抗才行，而在各方高科技装备之间发生的对抗中，地理因素所能带来的优势差异，就相对更小了。在第二次世界大战中，苏联这样的幅员辽阔的大国，可以采用以空间换时间的费边式纵深防御，来延滞、分散甚至拖垮德军的进攻，同时，利用自己巨大的战略回旋余地，在乌拉尔山区、西伯利亚远东等后方腹地，进行工业生产建设，支援前线的抵抗，而其本身腹地由于距离战线遥远，不会被波及，可以相对安全地从事正常的生产供给和后勤保障[1]。但是这种战略思想，在新的战争条件下，无法做到像从前那样完全重现了。数倍于音速的高速战机，会在很短的时期内穿越其领土，之后予以精确的定点攻击，摧毁其生产设施等重要目标，同时，在未来的战争中，立足于大气层之外太空轨道的卫星也会进行侦查，甚至可能会直接协助攻击潜藏在内陆腹地的重要战略设施。一直以来，攻防平衡理论认为未来的战争，也将是和两次世界大战一样，是长期、血腥，各方进行互相消耗的总体战，而领土资源和人口数量

---

① 参见Stephen Biddle, "Offense-Defense Balance, Force-to-Space Ratios, and Defense Effectiveness," in J. Philip Rogers, *The Future of European Security: The Pursuit of Peace in an Era of Revolutionary Change*, St. Martin's Press, 1993, pp. 82~86。

巨大的洲际大国，在这种战争形态中，自然具有防御性优势。然而，这种预测很有可能会不符合未来战争形态的发展趋势。信息时代的高科技战争将更加短促且具有决定性，高精尖武器装备会相当程度上削弱或抵消地理因素一直以来所能带来的防御优势，当今的攻防平衡日益趋向于进攻占优。

3.2.2　新技术条件下核武器意义的变化

接下来一个非常重要而有趣的问题，就是在新技术革命带来的技术变化作用下，核武器意义的变化。核武器，即原子核能武器，在不考虑其能造成的放射性污染所带来的附加杀伤功能和一系列相关的道德伦理争论的情况下，从纯粹的军事技术角度来分析，核武器就是一种火力奇大的武器，核子炸弹本质上就是一种效果和规模惊人的"大炸弹"。按照前面采用的格莱瑟和考夫曼的分析视角，火力一般有助于防御，这种空前的火力，也自然而然会给其拥有者带来空前的防御优势[①]。从这种视角分析得出的结论，同其他理论领域不同角度人们得出的结论，基本上是一致的。核武器会给拥有者带来巨大的防御优势，这一点在冷战时代，是一个近乎于人类常识的一般结论。攻防平衡理论得以产生的时代背景，也恰恰是美苏冷战和核对抗的激烈时期，由于两国之间最终没能发生战争，核武器这一因素起到的作用，是不能不被考虑在内的，因而当时的国际体系，也被攻防平衡理论分析为攻防平衡有利于防御的时代。一直以来，核武器作为一种不同于常规军事力量的独特力量，极大地改变了国家对战争及其目的的传统看法，并且以其拥有的对人类巨大的毁灭可能以及相应带来的威慑力，发挥着制约战争爆发，维护国际体系稳定的作用。

但是也要看到，在新技术革命带来的新技术条件下，核武器对于攻防平

---

① 参见Charles L. Glaser and Chaim Kaufmann, "What is the Offense-Defense Balance and Can We Measure It?" International Security, Vol. 22, No. 4, Spring 1998, pp. 44~82

衡的意义和作用，发生了一定的变化，其对攻防平衡的影响，变得更为复杂和难以预料。虽然说核武器自身一直以来所含有的维护战略稳定，制约国家行为的威慑要素，依然在很大程度上保持不变，但是新的技术变化，可能会带来许多新的变数，并非没有可能会使攻防平衡在核武器这个维度上，再度向进攻一方倾斜。暂且不谈当前不拥有核武器或核武器无法形成有效规模的国家，无法享受到这一防御性优势，即便在有核国家之间，随着技术的不断发展变化，对于攻防平衡的一些新的变化情况，也值得攻防平衡理论研究者的注意。

有核国家之间的核对抗，在一开始的发展阶段，会依靠双方坐拥的核武库，确保一方对另一方的完全摧毁，也就是相互确保摧毁，即战略核稳定理论中著名的MAD概念（Mutual Assured Destruction），在这种情况下，核武器起到的是有利于防御的作用。在其后的发展阶段中，核武器的使用方法从利用相互确保摧毁，来将对方本土和国民捆绑为人质，从而实现威慑的路径，逐渐发生了一些转移和变化。随着技术的发展，特别是火箭、导弹技术的发展，国家采取核威慑的方式，从以往主要威胁针对对方城市和人口进行毁灭的方法，逐渐将重心转移到利用己方的各式武器，预先摧毁对方的核武器基地、装置等发射设施、平台，以争取"完封"对方的核威胁和核能力。而之后发生的场景，就非常类似于有核国家对无核国家所能采用的一些行为方式了，因而这种预先完封对手核武器的使用方法，是一种趋向于和有利于进攻的使用方法。但是，这种"完封"设想，一方面在技术上的可行性极为困难，完美理想地摧毁目标，在实际现实中可以说极难达到；另一方面，对方也会采用同样或类似的战术，使得双方的核对峙，再度陷入僵持，因而，这是一种处于过渡阶段的短暂探索时段[①]。

然而这种初步的探索，其实很快就转化成核战略研究中，之后为大家

---

① 参见Charles L. Glaser, "When Are Arms Races Dangerous? Rational Versus Suboptimal Arming," International Security, Vol. 28, No. 4, Spring 2004, pp. 44~84

耳熟能详的一次打击和二次打击，这两种概念的区分和辨析上。也就是说，在双方拥有确保相互摧毁对方的核武器能力之后，一方或双方仍会想方设法残存保留一些核武器，从而发动第二次的核打击，而有能力存活下部分核武器，从而发动二次打击的一方，相对于在一次打击中丧失全部核武器的另一方来说，其攻防平衡关系，将再一次近似于一个有核国家面对一个无核国家的关系。因而，自然也就可以明白理解，为何之后各个时期内各国的核武器研究者的重心，就都重点集中在对二次打击能力的关注上了[1]。一个有核国家的二次打击能力，一直被核专家视为重要性不亚于、甚至超过第一次打击能力的关键因素。

这种二次打击能力概念的提出，以及在实际操作上的应用和施行，都是归功于当时更加进步的新的技术发展条件。速度最终突破马赫音速，航程可以跨越洲际的高空战机的发展出现，核动力潜艇续航动力和噪音消除技术的日益成熟，可多次使用且移动方便的新型火箭发射车辆的服役，以及再入式火箭/导弹技术（MIRV）的进一步提高，乃至超高音速滑翔武器（HGV）的出现，所有这些新的技术应用，使得可以搭载核武器的运载工具和发射平台，种类更加丰富，并且这些新的平台，相比较之前传统的固定发射井，具有更大的灵活机动性、隐蔽欺骗性和生存能力。与此同时，这些技术变化也使得一个国家进行核武器攻击的方式，更加丰富多样，使得其核军事打击力量，具有了一定程度上的多层次和立体性，从而在当时的防御技术条件下，无法来实现全方位的有效拦截，因而可以更大地确保对于敌方的打击与威慑效力。

杰维斯等攻防平衡理论学者，也一定程度上讨论过核力量的攻防平衡，特别是当时流行的有关二次核打击能力的攻防平衡[2]。研究攻防平衡的学者们

---

[1]　参见Bernard Brodie, *Strategy in the Missile Age*, Princeton University Press, 1959, pp. 131~156

[2]　参见Robert L. Jervis, "Cooperation Under the Security Dilemma," World Politics, Vol. 63, No. 3, January 1978, pp. 167~214

普遍认为，由于各方均或多或少拥有一种二次打击核能力，核力量的攻防平衡，再一次回到了之前最初的起跑线状态，即各个有核国家之间，无论核武库数量多少，只要拥有"必要的充足的"二次打击能力，就仍然能够向其他国家保持有效的核威慑，因而核武器是相对有利于防御的一种军事力量。但是，杰维斯等人也认识到，如果将来某些国家发展出了专门针对猎杀对方二次打击设施或平台的武器的话，则有促使攻防平衡再度向有利于进攻那一侧方向移动的可能。

虽然学者们相当有预见性地认识到了，未来可能的技术发展，会对核武器对于攻防平衡发挥的作用，产生难以捉摸的影响，然而在当时的技术发展条件下，由于一些新的核武器的运载和攻击方式，刚刚予以问世，还没有经过充分的发展，其中蕴含的技术也不是非常稳定成熟，其他可以有效针对这些新采用的武器技术的方法，也处于同样的稚嫩阶段。譬如，美国的高空战略轰炸机，其飞行高度远远超过了苏联当时所拥有的最高射程高度的防空导弹的有效范围，想要避免这种飞机的威胁，只能动用大量战机来争取将其提前击毁在地面，或击落于半路，但其高机动速度以及身旁必然会伴随的护航战机，会使得这一任务极难达成；是时美苏各方的战略核潜艇，可以实现相当程度上的静默隐蔽性，长期潜伏在北极冰盖下待命，在当时的技术水平条件下，想要有效发现、捕捉，并且攻击、摧毁这些幽灵般的核潜艇，难度似如登天；多用途的高机动性运载火箭发射车辆，可以多次反复发射各种类型的分裂性弹头，相比较于静止不动的发射井，可以更加灵活地选择发射时机和发射地点，同时在当时的卫星技术条件下，还是较难以加以定位、捕捉和拦截。所有这些技术特征，都是在当时的时代发展条件下，表现出来的一种相对初始的过渡性的阶段，这种暂时性、探索性的局面，必然不会长久地持续下去[1]。

---

[1] 参见Charles L. Glaser, "When Are Arms Races Dangerous? Rational Versus Suboptimal Arming," International Security, Vol. 28, No. 4, Spring 2004, pp. 44~84

　　进入崭新的二十一世纪后，科学技术的飞速发展，令军事装备的性能发生了极大程度上的提高，而之前尚未研究成熟的一些装备技术，现在也已经日益成熟。目前针对核武器进行打击的军事装备技术，已经产生并持续发展，出现了很多较为有效的多维度、多层次狙杀对方核武器及其运载平台的武器。最为有代表性的就是BMD（Ballistic Missiles Defense）武器系统，现在已经发展到较新锐的PAC-3型，可以有效地拦截和摧毁对方来袭的洲际导弹，同时，这种导弹系统可以在陆海空各种平台上发射。作为一种动能拦截系统，即用导弹来摧毁对方来袭导弹的防御系统，当然也可以做到用这种导弹，来主动攻击或封堵对方发射始段的设施或平台，来发挥某种进攻性的作用；由包括核能在内的各种动力来进行推动的攻击性潜艇的性能也大大提高，可以做到更好的隐蔽性和更强的搜索能力，以猎杀相对更笨重的战略核潜艇；在空间技术推动下，由高空战机、空天战机以及太空卫星组成的立体的，近乎垂直与无缝隙视角的侦查乃至攻击，也可以更有效率地摧毁隐蔽在腹地或四处转移的发射装置。所有这些例子，也只是新技术革命孕育的高精尖技术中一部分的代表性例子而已。在当今的高科技立体化全方位战争中，武器装备在攻击效力、攻击射程、精确程度、反应速度以及移动性能上进一步提高，与此同时，由于单位装备成本的增加，使得军事装备的总体数量更加精少，针对幸存的二次打击能力，有了一定程度上更有效率的阻止方法。再加上电子信息技术的发展，各国的核武器系统，同所有其他常规性的军事力量一样，今后会愈发地依赖信息网络系统[①]，而对于该网络通信系统的打击、瘫痪乃至劫持，会严重削弱其核武器的震慑与使用效力，从而使得有核国家之间的冲突或战争，有着更大的概率与危险。

　　因此，核力量上的攻防平衡，现在也难以确定究竟是防御占优，还是进攻占优，抑或是正在走向进攻占优的方向上，这当然也是由于技术变化，

---

① 参见David H. McIntyre, "Taming the Electric Chameleon: War, Offense-Defense Theory, and the Revolution in Military Affairs," Maryland University Dissertation, 1999, pp. 40~45

令核武器对于攻防平衡的影响，变得更为复杂和难以完全把握。现在人们可以肯定的是，核武器之前所扮演的一种绝对有助于防御优势的旧有角色，现在正在发生着变化，它不再是人们传统观念上所认为的那样，是一种绝对意义上促进防御占优的因素，在技术变化的条件下，核军事力量会对国际体系产生和带来难以预料的复杂作用，展现出较之以往十分不同的甚或相反的意义。要想更好地理解和分析这种变化意义，需要对现有的攻防平衡理论，进行一些修正与完善。

3.2.3　正在发展成熟中的人工智能武器技术带来的新意义

接下来要讨论一下目前正在处于发展中的人工智能武器技术，对于攻防平衡理论所产生的一些新的意义。作为未来战争中一个必然而明显的大趋势，今后人工智能武器的使用比例会不断上升。例如一些无人武器，典型代表像众所周知的无人机，在许多国家的军队中已经服役，并且有些业已投入实战多年。无人武器已然成为国家军事力量中，必不可少的一个有机组成部分，并且在今后的发展中，会越来越多地出现在各个战场上。那么从攻防平衡理论的角度来看，人工智能武器的应用，对于攻防平衡有什么样的影响作用，会给攻防平衡理论带来哪些新的问题呢？

根据攻防平衡理论的理论概念，攻防平衡是进攻与防御之间相对难易程度之比，结合杰维斯等人的定义，攻防平衡也同一国将军事力量转化为实际军事效果的相对难易程度，即军事效率，存在一定的关联性[①]，而人工智能武器在效率和成本正反两个方面，提高了军事效率，进而深刻改变了攻防平衡可能变动的幅度。

一方面，人工智能武器极大地提高了军事效能。拿最典型的MQ-1捕食者

---

① 参见Robert L. Jervis, "Cooperation Under the Security Dilemma," World Politics, Vol. 63, No. 3, January 1978, pp. 167~214

无人机为例，除了可以携带两枚地狱火空对地导弹外，由于不需要分配给常规武器必须为人类驾驶员提供的座舱，因而可以节省更多额外的宝贵空间，来携带更多的武器，比如携带其他类型的攻击性导弹数枚，是一款不亚于有人战斗机的优秀的精确打击武器。同时，捕食者无人机还配备有各种先进的红外光学仪器，又是一款出色的获取情报的侦查武器。在此基础上，MQ-1不存在驾驶员的疲劳驾驶和生体保障问题，因而具有全天候的巡航作战能力，其发动攻击之前，所需经过的信息处理链条更短，反应行动时间更快，因而可以及时出现在战场最需要的时间和地点。人工智能武器的这些特点，极大地提高了在同样技术条件下原有武器装备的军事性能。并且，随着无人机技术的进一步成熟，人工智能武器的性能会更加提高，比如作为MQ-1的后续服役新机型MQ-9收割者无人战斗机，可以携带更大容量的弹药，装备更高科技水平的设备，拥有更长的持续巡航能力，因此在不远的未来，无人武器的性能，并非没有可能会大大全面超越有人武器的性能，并逐渐取代后者，成为各国军事力量的主要组成部分。

在提高军事装备性能的同时，在另一个方向上，人工智能武器的问世和普及，极大地降低了武器装备的生产成本和损耗成本。仍然以无人机作为例证，无人机的生产相比较有人战机来说，相对更为廉价，结构相对更加简单，身形更加便携小巧，减轻了后勤补给和维修保障的压力，便于修造和养护。同时，战斗需要涉及的人员也更加精简，比如每4架MQ-1会被归为一个作战单位，共同编制在一个无人机控制分站，在操作员的运作下，同时在半个地球之外进行超远程作战。这位操作员可能身在美国本土某地的一个工作站里，只需进行必要的确认和攻击操作，人工智能处理系统则会帮助解决完成大部分的工作，从而节省了更多的人力、物力资源，而这整个过程，从发现确认目标到决定发动攻击，再到确认摧毁目标，只需要最多十多秒的时间，相比较有人战机数小时的作战耗时来说，极大地节约了相关物资，更节省了宝贵的战场时间，因而可以更快地把握战争的主动权，占据更加有利的地位。与此同时，由于人工智能在武器操作上更为便捷人性，可以让包括女性在内的非战斗人员进行远程操作，解放更多士兵的装备后勤负担，而在运算处理上则更加标准理性，较少受到情绪波动等非理性因素影响，可以极大地提高军事效能的同时降低非战术性成本损耗。

人工智能武器最大的优点，无须赘述，那就是不需要战斗人员存在于武器装备上进行操作，因而即便这些无人武器在战斗中损失，也不会影响几千公里外操作员的生命健康，从而可以极大地减少整场战斗或战争中人员的伤亡。这对于现代意义上的大众民主国家来说，意味着会面临更少的来自国内非军事方面的阻碍因素。在越南战争中美国的失败，就是一个很有代表意义的反面历史例证[①]。北越军队作为一支技术装备相对落后的典型亚洲军队，一直以来面对美军的伤亡比，在一比十到一比十五之间，但是北越军队有着将战斗贯彻到底的决心和意志，对美军及南越军队发起了人员消耗战，最后决定发动春节攻势。所谓春节攻势，就是向南越所辖的大小城市中火力强劲、严阵以待的对方防御阵地，同时进行主要以步兵人海组成的密集波状冲锋，从纯军事技术角度讲，是没有任何作战效率的。北越军方完全清楚，这将是一场对己方部队毫无悬念的，近乎自杀般的军事行动，但是北越当局敏锐地洞察了一点，那就是决定这场战争胜负的，并不是单纯的军事因素，而是来自美国国内的非军事因素。春节攻势中，北越军队不出意外的伤亡近五万，然而这些对于大多数生活在前大众信息时代的北越民众来说，前线的具体伤亡数字，可能不会被他们及时了解到，而即使看到报道上文字的叙述，数万的伤亡也是可以接受的，丝毫不会影响他们继续支援前方军队作战下去的想法。

但是，对于美军这一方来说，情况就大不一样了。美军和南越军队虽然成功地击退了北越的持续猛攻，战场表现也较为出色，各自付出了近五千的

① 参见Robert L. Jervis and Jack L. Snyder, *Dominoes and Bandwagons: Strategic Beliefs and Great Power Competition in the Eurasian Rimland*, Oxford University Press, 1991, pp. 154~161

伤亡，比起北越一方来说，战损不到十分之一，但是在电视机刚刚普及化的美国，每一名美军的死亡，都会被电视信号直观地报道在全国大众面前，给予美国民众以画面上的冲击，给国内反对战争的人们提供了更多撤兵理由。美国在这次战争中，原本自身意志就不是非常坚决，再加上国内各种反战群体发动的抗议运动的掣肘，最终不是在实力上输给了北越，而是在非军事国内问题上，被反对力量所累，最终输掉了战争。无论"民主和平论"的倡导者的观点是否足够合理，在历史上以往的历次战争或冲突中，民主国家的确在进行军事行动上，面对比非民主国家更多的限制和不利因素[①]。人工智能武器在今后的逐渐普及和大规模应用，可以一定程度上免却大众民主国家在这一方面可能受到的束缚，使得其可以和相对专权独裁的国家一样，享有近似乎同等的内外部条件，因而可以更加不受局限地进行军事行动。人工智能武器的这一特征所引发的结果，将有可能导致今后的攻防平衡倾向于进攻占优。

综上所述，如果把效率视作效果或效能与成本之比的话，人工智能武器在分子和分母两个方面，分别提高了武器装备的性能或效果，同时又降低了武器装备的成本，从而最终提高了军事效率。这也意味着各国将其军事力量转化为军事效果的过程会更为顺畅，同时，人工智能武器又使得国家在进行军事行动时，面临更少的限制因素，因此在一定程度上，也将意味着今后的攻防平衡，可能更偏向于进攻占优的一侧，这使得攻防平衡理论不能不重新进行反思和完善，以更好地解释和对应这种变化。

3.2.4 新技术条件下的总体战、长期战与游击战

最后将再讨论一下有关于新技术革命带来的新的技术背景下，总体战、

---

① 参见Robert J. Art and Kenneth N. Waltz, *The Use of Force: Military Power and International Politics*, Rowman & Littlefield, 2004, pp. 335~342

长期消耗战以及游击战等方面的问题，这些都是以往世界历史中的传统战争时期，极为常见的各种战争形态。在当今这个新时代，以及新的技术条件下，总体战、游击战等旧有战争形式，可能会发生一些新的意义或变化，而这些新的变化特征，对于今后的战争态势和攻防平衡的影响，也将会是更加复杂的。虽然分析战争进行的过程特点和战争可能的最终结果，并不是攻防平衡理论所需要讨论的问题，但是鉴于杰维斯等攻防平衡学者曾经提出过的关于攻防平衡的一些基本理论观点，攻防平衡是关于进攻与防御之间相对难易程度的讨论和辨析[①]。新的技术条件，在多大程度上改变了原有的国家间冲突或战争的一些旧有特征，对攻防平衡产生了多大程度的影响，非常具有进行分析和研究的必要性。

一般来说，在人类历史进入近现代后，民族国家成为国际关系的普遍主要行为主体，特别是在20世纪进入大众政治化时代之后，国家间的战争，越来越成为一种涉及和动员整个国家的总体性战争，战争也往往陷入漫长而血腥的消耗战。因为全国民的总体战，动用了整个国家的近乎所有方面和资源，无论是正规的军事力量，还是不直接从事战斗的民间社会的各方面力量，都会被用来从事战争，军人和平民之间的界限变得模糊。因此，战争进程会变得更加难以快速分出胜负，更加没有底线和原则，更加是一种战争各方在资源禀赋、生产能力乃至国民生命上的互相消耗。而游击战则是总体战的另外一种具体的变种，它同长期消耗战的区别是，游击战是前者的一种更为极端，更为非常规的一种表现形式，通常在正规对抗处于极大劣势乃至失败之后，对于占领己方领土的敌军进行袭扰和消耗。因为军民之间，即战斗人员和非战斗人员的界限变得模糊，发动游击战的一方，可以充分利用普通群众的掩护和配合，利用地理和人数的优势，来一步步削弱拖垮对方。无论是全民总体战导致的长期消耗战，还是全民发动的费边式游击战，都将使得

[①]　参见Robert L. Jervis, "Cooperation Under the Security Dilemma," World Politics, Vol. 63, No. 3, January 1978, pp. 167~214

征服或者彻底击败一个国家，变得越来越具有难度，付出的成本代价也更大。因此，自从总体战逐渐成为近几个世纪越来越普遍的一种战争形式以来，特别是两次世界大战的过程和结局，让人们不得不承认，在这种情况下，防御的一方是相对占优的[①]。

进入二十一世纪的第二个十年，即使在技术飞速发展，新的高科技信息化战争，逐渐成为战争新的可能形态的情况下，总体战和游击战的巨大影响力量和一贯有利于防御的深厚传统，恐怕也会一直存在。就像前面说过的那样，即便在拓展了海空领域等新维度的立体战争情境下，由于单纯依靠海空作战在效果上的有限性，地面作战依然还是有必要的，在这一点上，可以参考历史上北约在利比亚和叙利亚的历史例子。既然涉及地面作战，那就必然伴随着危险性乃至伤亡。尽管在今后，大规模密集地面部队，将不会作为以往传统战争时代那样的主流形式，防御一方的优势会一定程度上被削弱，然而通过分散部署有生力量，依托城市废墟等复杂地形，防御的一方依然可以发动长期消耗战和全面游击战来进行抵抗。近期比较明显的例子，就是在对ISIS作战中，美俄的不同策略及其结局。ISIS的许多战斗方式是大量使用步兵配合丰田皮卡等轻型车辆，各种功能多样的装备，可以自由装卸在这些机动性更高的车辆上，更加灵活分散化的军事装备部署，从而能够很大程度上提高存活概率。而另一侧的美国和俄罗斯，在空中打击效果不佳的情况下，各自采用了不同的策略，美国坚持不派驻地面部队，而只保持空中的打击，但是取得的战果有限，还是不得不在地面战场上更多依靠库尔德民兵等盟友的力量；俄罗斯则是既进行空中打击，也协同土耳其共同派驻了地面部队，自然也会造成相当程度的伤亡和战损，但是也取得了较大的推进和战果。但是无论是美国还是俄罗斯，目前都在计划着分阶段撤军，虽然ISIS最终被击败，但是叙利亚和伊拉克的局势并没有因此而好转，冲突纷争依然错综频

[①]　参见James D. Fearon, "The Offense-Defense Balance and War since 1648," Draft in 1997, pp. 1~40

仍。因此，总体战、消耗战以及游击战等作战方式，依然是防御一方较为可行有利的一种战法。

总体战及其衍生形式，其实就是打破了军队同民众之间的差别，使得战争不再是一种专业技术性的对抗，而是一种动员全民资源的血腥比拼。长期的消耗战，既是交战各方总体实力的全面对抗，又是各方试图将战争坚持到底的意志之间的较量。游击战这种战争形式，则更体现了进行和持续战争的意志，相对于实力水平，能够取得最终胜利、获得成功的秘诀，更在于坚持下去的决心和意志的比拼，以及为达到目的不计代价的彻底和决绝。所有这些手段实施的前提，必须保证这样一个前提，就是即使最一般的普通民众，也能参与到大众化了的战争过程中[①]。然而在进入信息化新时代之后，战争逐渐走向高精尖形式，更加的技术化、专业化、职业化。由于军事力量对武器装备或作战平台更加依赖，其中浓缩的技术元素也更加尖端，战争也渐渐变得更加是一种高技术专业门槛的行为领域。尽管总体战及其几种衍生形式依然会存在，然而未来的战争，更有可能是专业技术化的职业军队之间的战争，总体战等传统战争形式的有效作用和影响，将会一步步的遭到削弱，防御一方采用这些方式所能取得的防御优势，也会不断遭到时代技术发展的削弱和抵消。一直以来立足于分析传统战场的攻防平衡理论，会面临更多的变数和难题，需要不断适应新技术的发展变化，对自身进行修正与完善。

[①] 参见Marco Nilsson, "Offense–Defense Balance, War Duration, and the Security Dilemma," Journal of Conflict Resolution, Vol. 56, No. 3, June 2012, pp. 467~489

第4章　攻防平衡理论的修正与完善

4.1　攻防平衡理论的修正与完善——边际性改进

4.1.1　攻防平衡理论的理论特性

在前面的章节部分，已经多次从不同侧面提到过攻防平衡理论自身的理论特质问题。攻防平衡理论之所以能够发展四十余年而不衰，一直以来没有淡出国际关系学者们研究的视野，并且在最近几年内，甚至再一次成为学术讨论的即时热点之一，是由于攻防平衡理论自身的理论特点所决定的[①]。攻防平衡理论的长久不衰，有力地证明了该理论远不是一个陈旧的理论，而是一个历久常新，紧跟时代技术发展的充满活力的理论。攻防平衡理论的这种对时代技术发展十分敏感的特点，也来源于理论本身的核心框架的要求。正如在第二章中已经阐述过的那样，攻防平衡理论的核心概念是攻防平衡，而能够影响、左右攻防平衡的一个最为关键的因素，就是技术因素。科学技术具有发展变化迅速，更新扩散快捷的这样一种突出特点，并且这一特点在近现代以来，尤其是当今新世纪的新技术革命背景下，表现得更加突出与明显。由于理论自身的这种特点，攻防平衡理论自然就对技术的变革与进化，时时

[①]　参见Sean M. Lynn-Jones, "Does Offense-Defense Theory Have a Future?" International Security, Draft in 2001, pp. 5~38

刻刻保持着敏感与关注，因而是一个需要与时俱进的理论。

除却攻防平衡理论自身的特点和要求，决定了攻防平衡理论要时刻保持同技术发展状况相适应，不断改进完善自身之外，攻防平衡理论的内在理论逻辑链条，也要求攻防平衡理论必须时刻保持着一种不断发展完善的状态。前面对于攻防平衡进行探讨时，已经简要说明过，攻防平衡并不是进攻与防御这双方静止不动的平衡，而是一个进攻与防御之间优势关系不断进行浮动变化的动态平衡过程[①]。正是因为攻防平衡是一个时刻动态发展的一对平衡关系，以攻防平衡作为理论核心要素的攻防平衡理论，也会是一个不断处于动态发展中的理论，因此自然也会随着技术的发展和攻防的相对转换不断发展完善自身，从而更好地适应和解读变化了的攻防平衡特征条件下的各种国际政治现象。尽管攻防平衡理论普遍被人们称呼为一种"防御性现实主义"，产生的时代背景也是相对"防御占优"的冷战核武器时代，但是该理论一直对科学技术的变革与发展，保持充分的关注与"警惕"，对于"进攻占优"与战争可能的探讨，也同样应当是该理论的重要研究课题。新的技术变革，会带给攻防平衡许多前所未有的新的影响，攻防平衡理论需要意识到这些可能的变化，对自身加以调整和改进。

上述这些理论的自身特点，决定了攻防平衡理论需要与时俱进，不断进化完善的理论自身特征和发展要求，同时，攻防平衡理论迄今为止的发展历史，长期以来的理论实际运用表现，也反映了该理论完全具备随着时代技术条件变化，而不断更新发展自身的理论潜能，是一个具有极高理论发展潜力空间的理论[②]。与此同时，进入新世纪第二个十年的当下，同以往大为不同的新的技术时代背景，较从前飞速发展的新的技术因素，使得攻防平衡理论所

---

① 参见Sean M. Lynn-Jones, "Offense-Defense Theory and Its Critics," Security Studies, Vol. 4, No. 4, Summer 1995, pp. 660~691

② 参见Sean M. Lynn-Jones, "Does Offense-Defense Theory Have a Future?" International Security, Draft in 2001, pp. 5~38

要解释的这个世界，呈现出一种更为复杂的新面貌，对理论自然而然地提出了新的挑战和压力，也在客观上敦促着理论进行即时的更新和改进。改进和完善攻防平衡理论，既由于攻防平衡理论自身的理论特性，具有充分的可能性，同时又由于技术发展条件变化，所带来的外部结构性压力，因而还具有十足的必要性。

4.1.2　攻防平衡理论的边际性改进

正因为攻防平衡理论有着需要与时俱进的理论特质，以及需要不断更新完善自身的理论内在要求，新的技术变革背景又提出了客观现实的外在要求，内外两个方面的合力，共同决定了对攻防平衡理论进行适应于新技术革命发展的相关补充与完善，是极为必须且重要的工作，对攻防平衡理论的进一步的理论价值发展，具有十分重大的意义。但是，对于如何对攻防平衡理论进行修正与完善上，本书或许更多的力图于实现一种边际性的改进（Marginal Improvement），而不是一种对理论较大幅度的修正。其中一个最重要的原因就是，研究者毕竟自身实力有限，对这样一个宏大的理论研究对象，如果要进行大规模的深入的改善工作，肯定力量有所不逮，而只能做一些微小的工作，除此之外，还有以下两个需要注意的原因或问题，使得本作对于攻防平衡理论的改进，也只能是一种相对边际性的改进：

一方面，攻防平衡理论是一个发展相当成熟的理论。理论的与时俱进，同理论的成熟发展，看起来似乎是一个有些自相矛盾的逻辑关系，然而事实上并不是这样。正是由于攻防平衡理论经过四十余年的时代变迁，不同学者对其陆续进行一点一滴的补充完善，并一直发展到今天。攻防平衡理论经过长时间的积淀发展，不断对批评、质疑与挑战做出解答与回应，对于理论问题的研究成果已然十分丰富，理论内容比较宏大，分支流派也林林总总，相关研究成果极为众多。即便只重点着眼研究攻防平衡理论中最主流的，以杰维斯、林–琼斯那一支的攻防平衡理论，对于这样一个较为成熟完整的理论进行较大的突然改进，也不是一个很具有现实可行性的工作。最关键的原因是，在该理论以往的发展过程中，众多出色的相关领域学者们，特别是以林–琼斯为代表的攻防平衡理论研究先辈们，已经在修正完善攻防平衡理论方面，做了大量的努力和贡献[①]，对于理论的基础核心部分，应当基本没有什么值得争议，或需要进行大幅改动的东西了。本作的工作，如果能够对该理论进行一些微小的改进，就已经是一项极有意义的事情。

另一方面，攻防平衡的理论框架和逻辑链条，亦已经十分完整和精干。攻防平衡是攻防平衡理论的核心变量，技术等结构性的因素影响攻防平衡的具体特征，攻防平衡又进而对国际体系内各个国家施加以结构性的制约，从而影响国际政治现象，特别是战争与和平等现象的产生概率。无论攻防平衡理论如何发展，这个逻辑主线与理论框架，也不会也不能有巨大的改变，否则攻防平衡理论就会成为另外一种别的理论了，比如更多变成了一种单元层次的国家外交政策理论。此外，严守结构理论的理论精简性，也是决定了在接下来对理论进行补充完善时，必须加以特别留意的地方。以往一些学者们对攻防平衡理论进行大幅修正的反面经验教训，证明了对攻防平衡理论不能进行盲目的大幅扩展，而要严格维护理论核心框架的简约特性[②]。攻防平衡理论框架的较为完整和精简，决定了对于理论的修正，也必然是在不影响其理论结构性的大前提下，进行边际性的微小改进。

那么，具体来说，应当在哪些方面，对攻防平衡理论进行边际性的改进呢？应当主要集中在以下几个方面，对理论进行少许的补充修正和完善。首

---

① 参见Sean M. Lynn-Jones, "Offense-Defense Theory and Its Critics," Security Studies, Vol. 4, No. 4, Summer 1995, pp. 660~691

② 主要是要注意范·艾弗拉等人的攻防平衡理论所揭示的教训，参见Jack S. Levy, "The Offensive/Defensive Balance of Military Technology: A Theoretical and Historical Analysis," International Studies Quarterly, Vol. 28, No. 2, June 1984, pp. 219~138

先是在理论的解释领域上，进行一些扩展，利用攻防平衡理论来解释以往没有解释过的新领域，来扩大理论的应用范围，来让该理论的效用更加有力；其次是针对新技术革命带来的技术因素上新变化和新特点，对攻防平衡可能带来的影响进行分析，对影响攻防平衡的技术等因素进行补充，发现并引入可能的新的因素，同时保持理论的结构层次不受变动；再有就是分析新的时代技术条件，对攻防平衡已经包含的一些因素，带来哪些新的变化，赋予哪些新的意义，从而对攻防平衡理论产生哪些不同以往的新的影响。通过这些边际性改进，可以让修正后的攻防平衡理论，较之前更加全面，更加具有解释力。

4.2　攻防平衡理论理论场域的补充

4.2.1　海空力量的攻防平衡

国际关系理论是对现实经验现象的归纳、概括和提炼，是对国际关系现实的一种精简化提取，故而一种国际关系理论，无法反映和解读国际政治中的所有现实。尽管如此，在保持理论的精简性不受影响和损害的前提下，理论的解释范围是可以进行调整和扩充的，而某个理论研究解释范围的大小，是衡量一个理论解释力量大小的重要指标之一。某种理论能够解释和应用的领域越大，能够解释的现象越多，推广演绎的范围越广，这种理论自然而然就更加具有理论价值和解释效力[①]。攻防平衡理论在理论场域上可以得到更加适切的补充，从而丰富该理论的理论解释维度和应用范围，以更好地面对当

---

① 参见Yoav Gortzak, Yoram Z. Haftel, and Kevin Sweeney, "Offense-Defense Theory: An Empirical Assessment," Journal of Conflict Resolution, Vol. 49, No. 1, February 2005, pp. 67~89

今新技术革命的挑战。首先，要扩展和引入海空力量领域的攻防平衡，拓展理论分析研究的范围，使得攻防平衡理论能够成为可以解释各种力量领域的攻防平衡理论。

到目前为止的各种攻防平衡理论，基本上其研究领域，主要是局限于陆地战场或陆地军事力量，所要解释的攻防平衡，也主要是陆上力量间的攻防平衡，而对研究海上与空中战场军事力量间的攻防平衡理论，着墨还不是很多。尽管杰维斯、彼得尔等人在理论研究工作中，以寥寥几句话谈到了海空力量的攻防平衡，但是并没有予以太多的重视，似乎也未将其视作攻防平衡研究中，需要进一步进行细致研究的领域。杰维斯曾经指出，海军的力量和目标如此的有限，主要是威胁或击败对方的舰队，从而保护自己的贸易航线，因此海上力量是一个相较陆上力量来说，所占比例更小，自身目标更少，在目的和手段上相对的更偏向于防御的这样一支力量[①]。第二次世界大战及其之后的军事发展历史，海空力量特别是海上力量，经历了从"在海上"发挥一定关键作用，到"从海上"发挥相对辅助作用的角色转变，这些似乎某种程度上证实了杰维斯等人的分析观点，即海空力量是一种相对辅助性的军事力量，攻防平衡理论研究的主要重心领域，还是应该放在对普遍地面战场方面的研究上。

的确，在20世纪的传统战争时代，海空力量的作用和地位，大体上都不被国际关系学者们所看好。根据米尔斯海默等人的观点，海空力量很难在进攻上，即摧毁对方军事力量和征服对方土地上，担任主要的角色。米尔斯海默指出，除了第二次世界大战中的太平洋战争这个特例之外，历史上几乎没有单纯利用海军和空军来成功征服一个国家，或让对手完全屈服的例证，尤其是当对方是一个有着巨大领土的大国时，因此海军和空军力量在战争中

---

① 参见Robert L. Jervis, "Arms Control, Stability, and the Causes of War," Political Science Quarterly, Vol. 108, No. 2, Summer 1993, pp. 239~253

是处于一种支援性、辅助性、有限投射性的力量[1]。可以看到，无论是在两次世界大战的大西洋战场里，还是在两次伊拉克战争期间，抑或是在利比亚战争和叙利亚战争中，盟国的海军舰队可以威胁和击败德国的舰队，但是并不能直接占领德国的土地，也不能击溃德国仍然存在的大量地面军队，进而彻底击败德国，令其无条件投降；盟国从海上和空中进行的定点摧毁和火力压制，造成了伊拉克政府军的重大损失，但是并没有根本性地影响其最核心的数个装甲师团的战力，更不用说已经进行分散的数量众多的伊拉克步兵部队；而在前面提到的对叙利亚与利比亚的军事行动中，盟国的长期不间断的昂贵的空袭，也没有能够彻底地摧毁ISIS的战力和意志，对卡扎菲的政府军的杀伤也不是决定性的，最终盟军还是动用了陆地力量，或借用了陆地上盟友的支持，在地面上进行了武装推进，才最终取得了战争的胜利。从战争的最终结果来看，单单凭借海空力量，或许不能带来完全最终的胜利，海空力量仍然是一种辅助性力量。

然而，攻防平衡理论研究的并不是战争胜利概率的理论，而是研究战争爆发概率的理论。攻防平衡所涉及的，也并不是哪种力量是一国军事力量中更核心或相对辅助的力量，而是研究各种力量因素对攻防平衡所造成的影响。陆上、海上、空中战场的军事力量[2]，都是构成一国总体军事力量的不同方面，缺一不可。如果从这样的出发点来看，目前攻防平衡理论对于海上和空中力量因素的重视程度，显然是很不够的，甚至是少得不成比例。因此，海空战场的攻防平衡，也需要和陆地战场的攻防平衡一样，纳入对攻防平衡的分析中。

由于海洋和天空并不是自然状态下的人类，能够像在陆地一样可以自由行动的领域，因此，海上军事力量和空中军事力量，相比较于陆地军事力

---

[1] 参见John J. Mearsheimer, *The Tragedy of Great Power Politics*, W. W. Norton, 2003, pp. 122~145

[2] 此外应当还有战略或战术核力量

量，对于武器装备，或者说作战载具平台，有着天然的、更加巨大的依赖性，对于技术变革的重视和依托程度，也相对更大、更敏感[1]。也就是说，相同速度步伐的技术进步，会给海空力量的攻防平衡，同单纯陆地力量的攻防平衡相比，带来更大程度上的影响。在当今技术日新月异的这个崭新的二十一世纪，海上和空中力量在各国军事力量中所占的比例和重要程度上，不断在升高，各国在海空军备扩充和竞争的速度、广度和烈度，也远远大于陆地力量，甚至可以这样说，今后对各国力量的相互比较和分析中，对于海空力量的考察，会具有越来越大的重要性。因而作为影响攻防平衡的重要观察对象，攻防平衡理论对于海空军事力量的攻防平衡的考察，不仅有需要拓展的必要，而且是一个亟须进行改进和完善的问题。

　　前面已经说过，由于海上力量和空中力量，有着同陆上力量不太相同的属性和特征，相同的技术因素作用于不同的力量上，会对攻防平衡产生相当不同程度的影响。譬如，由于海空力量对装备载具更加依赖，单个装备也因而更加宝贵，海空装备的总量比较陆地装备，也更加少而精炼，这时譬如产生了一项可以提高装备防护装甲，或者说，提高损管效率的新材料技术的话，就可以更大地提高海空力量存活的机会，对海空领域攻防平衡的影响意义，会产生更大的变动和影响作用；再例如，如果产生了一种可以提高工业生产效率，降低军备生产成本的这样一项生产技术革命，从而使得各战场上的装备数量和质量都大大提高，并且节约了成本，然而由于海空力量对装备和技术的要求和依赖程度都要更高[2]，因此该项技术变革对于不同领域攻防平衡的影响，也不尽相同，需要对各个领域进行具体分别的分析，而不能像以往的攻防平衡理论那样，进行"一刀切"的泛化分析。基于这些原因，在对

---

[1]　参见Hobart Pasha, "Systems of Offense and Defense in Naval Warfare," Northern Iowa University Dissertation, 1978, pp. 1~18

[2]　相当于使用同样数量的资源，可以生产数百辆的坦克或火炮，但可能只能用来生产数十架战机，或者一两艘海军舰艇

于攻防平衡的研究中，引入对于海空领域的探察，将丰富理论的应用范畴，拓展理论场域，使得对攻防平衡的分析更加切实、深入和全面。

4.2.2　信息时代高新技术、立体战场的攻防平衡理论

海上和空中力量，合称海空力量，在某种程度上还经常两者相互紧密结合，不分彼此，成为一支相对综合的军事力量。海军舰艇和空军战机，两者机动力量的相加结合，产生了一种加乘效应，使得海空力量的广度和深度，远远大于结合之前的单纯海上力量或空中力量[①]。同时，由于在原有陆地战场的基础上，引入了海空战场，攻防平衡理论对于战争的分析，从相对平面单一的战场或战争，变成一个纵深的立体化的战场或战争。而进入新世纪以后，人类社会十余年的科技发展，特别是以信息技术、空间技术和核技术为代表的新技术革命，带来了更多崭新的技术领域，对这一战争的立体化图景带来了更为深远的影响。攻防平衡理论所要研究的现象和领域，也更为多层、复杂和丰富，需要进行与新技术变化相适应的拓展。

虽然20世纪末，即冷战刚刚偃旗息鼓的九十年代，计算机技术、多媒体技术、电话通信技术、互联网等信息技术，已经取得了突破性的发展，极大地改变了人们的日常生活，但是，这个被称为信息时代的新时代，那时才刚刚进入一个开始阶段，一切新迹象都处于萌芽状态。随后的近三十年，信息技术和相关产业的发展，已经大大超越人们的想象，可以说被誉为脱胎换骨般的进化也不为过。当年庞大复杂的计算机，到现在的笔记本电脑，性能已经翻新了不知多少倍，重量和体积却变得越来越小巧便携；厚重的大哥大变成了仿若一件艺术品的超薄触屏智能手机；电视机也从像素有限的模拟信号电视，变成了数字化高清晰电视；无数太空卫星和洲际光缆共同组成的全球

---

① 参见Hobart Pasha, "Systems of Offense and Defense in Naval Warfare," Northern Iowa University Dissertation, 1978, pp. 1~18

通信网络系统，是人类历史上从未有过的一种全新的信息网络，开启了另一个由数字信号组成的信息新世界；机器人、3D打印等各种之前只存在于科幻想象中的极度前沿尖端的技术，也在飞速发展，至今已觉不新鲜。在全面进入信息时代的当下，信息化、立体化、全球化的高新科技，已经成为世界上人类生活方方面面所不可缺少的事物，以高精尖为特点的新科技战争，也成为今后世界军事的必然发展趋势。陆海空组成的混合领域、外太空领域、信息网络领域等各种或现实或虚拟的战场领域，共同组成了一个极为复杂、多维与立体的战场。这个立体的崭新战场，同之前的传统平面战场一样，值得攻防平衡理论进行研究、解释和分析。

除了新技术革命带来的新领域之外，对于攻防平衡理论更为重要的是，新技术的发展变化，对攻防平衡的可能影响。所有这些新领域的新技术，一方面为既有的攻防平衡因素，带来了许多新的影响作用，产生了意义上的新变化；另一方面，也使得许多新的因素，开始在攻防平衡问题上发挥作用。譬如，空间技术时代外太空武器技术的发展，可以在垂直的全球视角下，给对方造成军事威胁，无论是在侦察上，还是在攻击上，都会相当程度上抵消以往历史上领土广阔的一方在传统平面战场上的相对防御优势；再譬如在网络信息技术飞速发展的条件下，一个小国在常规力量和核力量都十分弱小的境遇中，如果能在网络电子战上拥有较强的实力和技术，就更有可能通过击溃对方的信息网络作战系统，从而更好地抵御一个军事力量大国对自己的进攻。这是因为各国对于信息网络系统十分的依赖，网络信息领域的力量，可能像当年的核武器一样，发挥常规武装力量所不能发挥的独特作用，成为一种具有逆转性的类似"杀手锏"般的不对称力量[①]，从而极大地扭转攻防平衡，进而影响攻防平衡理论对国际政治的分析和解读。

新的技术革命带来的新技术，特别是信息技术和空间技术，这些技术

---

① 参见T. V. Paul, *Asymmetric Conflicts: War Initiation by Weaker Powers*, Cambridge University Press, 1984, pp. 15~39

所开启的人类新的活动领域空间，相互结合在一起，同传统的常规陆地力量，以及需要进行拓展的新的海空力量，再加上新型核技术条件下展现新特点的核力量一道，共同构成了一个立体化、多层域的整体。在这个整体中，所有这些子方面或组成部分，相互影响，相互交错，呈现出一个令人眼花缭乱的立体空间。在这个看起来十分繁复的新技术背景下，应当如何分析攻防平衡，如何拓展对新领域的解释能力，服务于攻防平衡理论的扩展和完善任务，同时又不能像以往那些历史教训那样，由于盲目拓展新领域和引入新要素，反而破坏了理论概念的简约性和精致性，这是在修正完善攻防平衡理论的过程中，一个特别需要留意的问题①。

无论是将攻防平衡的解释领域拓展到海空领域也好，还是应对新技术革命带动下高科技新型立体战争的要求也罢，考察各种新技术领域，最终要将这些不同领域的力量因素，加以有机地整合，综合分析最终形成的一种合力，从而对攻防平衡的变化影响，产生一种更为整体和全面的认识，让攻防平衡理论在增大解释力的同时，也并没有变成彼得尔笔下那样，蜕变为一种研究各个不同具体领域科技军备发展的政策分析理论。此外，还要在引入新的技术考察因素时，保持结构理论所一贯应当保持的结构简约性，坚决不能盲目扩大研究层次，以免蜕变成像范·艾弗拉脑中那样，立足单元层次研究的还原主义理论。如何顺利达到上述这些改进目标，要求研究者对新因素的引入，新领域的考察，一定要严格恪守一个标准，就是着重分析和引入在结构层次上的因素，也就是对技术、地理等因素，尤其是新技术因素所带来的新的影响，对其变化趋势进行分析，进而探讨其对攻防平衡的影响，而不能引进其他层次，如单元层次的因素，在接下来的部分，将对这一点进行更为详细的展开。

---

① 参见Sean M. Lynn-Jones, "Offense-Defense Theory and Its Critics," Security Studies, Vol. 4, No. 4, Summer 1995, pp. 660~691

4.3　引入新的影响攻防平衡的技术因素

4.3.1　引入可能影响攻防平衡的新的技术因素

通过对攻防平衡理论的研究，可以知道，影响攻防平衡的诸多因素中，较为重要的因素，就是技术因素。想要弄清楚在新的技术革命背景下，国际体系中的攻防平衡，具体发生了怎样的变化，自然应该从新的技术发展变化上，来寻找确切的答案。在这一问题上，格莱瑟和考夫曼的理论研究成果，有着很大的启发和借鉴意义[①]。格莱瑟和考夫曼为了对攻防平衡进行更加明确、具体的把握和分析，将攻防平衡中的技术因素，细致地分为了六种构成性要素，也就是军事力量在技术领域具体的六个特征方面，即机动性、火力、防护、后勤、通信、侦查等六个因素，这六大方面共同组成了技术因素。其中，按照格莱瑟和考夫曼的观点，他们重点研究和比较了机动性和火力这两个方面，提出在更多情况下，机动性更有利于进攻，火力更有利于防御，其他几个方面则对攻防平衡有着更为复杂的作用[②]。虽然格莱瑟和考夫曼通过对这六大因素的分析，没有得出一个很明确的令人信服的结论，遭遇的质疑和批评也比较多，然而二人的这一分类方法，非常具有进一步发展的理论意义。在他们划分的六大因素基础上，如果按照当今新技术发展的特点，

[①]　参见Charles L. Glaser and Chaim Kaufmann, "What is the Offense-Defense Balance and Can We Measure It?" International Security, Vol. 22, No. 4, Spring 1998, pp. 44~82

[②]　有关两人在这六个方面的详细表述，参见Charles L. Glaser and Chaim Kaufmann, "What is the Offense-Defense Balance and Can We Measure It?" International Security, Vol. 22, No. 4, Spring 1998, pp. 44~82

对这些因素进行重新分析，应对技术发生的革命性变化，通过引入新的因素，来帮助分析已经存在的六个方面，进而重新理解和审视新的技术条件下新的攻防平衡，一定会有助于更新和完善攻防平衡理论的解释效力。

1. 射程或距离因素

根据格莱瑟和考夫曼的研究观点，机动力这一技术因素，更多的有利于进攻的一方，因为只有试图进入对方领土之内，并对之进行占领的一方，即进攻的一方，才需要可以移动的，并且需要机动转移速度很快的武器装备或技术。只有这样，才能够随时处于快速机动迂回的状态，不断寻找防御方的漏洞或薄弱环节，随后快速突击切入。利用技术带来的极高的机动性，进攻方的军事力量可以在防御方做出反应之前，迅速扩大突破口，进而楔入对方防线后方，有效地切割、包围甚或歼灭防御方的有生军事力量。相反，一个主要进行防御的国家，其军事力量可以是不需要进入到对方领土之内的，而只需要守护住己方的领土即可，因此，对于军事力量的机动性上，相对没有进攻一方那样高的要求。一些无法移动的武器装备，可以更多地用于本土的防御，而机动性高的武器装备，则可以更多地用来完成进攻性的使命。因此，格莱瑟和考夫曼认为，如果一种技术可以极大地提高武器装备的机动性，那么这种技术更多是有利于进行进攻的[①]。

格莱瑟和考夫曼的这种观点，其实也散见于其他攻防平衡理论学者的观点之中，在乍一分析的时候，似乎很有一定的道理。譬如说，没有令坦克这种武器实现高机动性的技术出现，那么坦克将一直停留在一战后期那种笨重，并且移动缓慢的状态，因而"闪电战"这种快速进攻方式乃至战略战术，也就是不可能实现的。上面章节详细谈论过的阿尔泰骑射民族的作战方式，也是利用骑兵的高机动性，对移动速度较慢的农耕民众组成的步兵部队，进行包抄、迂回，最后进行全歼。然而，根据对现实案例的进一步分析

---

① 参见Charles L. Glaser and Chaim Kaufmann, "What is the Offense-Defense Balance and Can We Measure It?" International Security, Vol. 22, No. 4, Spring 1998, pp. 44~82

和观察，会发现攻防平衡理论的这种观点，是存在一定问题的。如果说坦克这种具有高机动性的武器装备对进攻如此有利，那么在第二次世界大战的后期，为什么会出现这样的场景，即苏联军队利用坦克和其他炮兵、步兵等多种类型的军事力量相配合，构建了著名的大纵深防御战术？同样，到了战争后期，无论是德军还是苏军，都利用之前用于突破进攻的坦克装甲集群，来扮演机动的防御力量角色，在协助其他部队防御、稳固阵地的同时，自身则扮演应急的机动"救火队"的作用，及时填补防线缺口，防御对方的坦克集群的突破，在防御战中发挥了重要的作用？即使在海空领域，由于航空母舰和舰载战机的问世和成熟，大大提高了海空力量的机动性，但是，在很多情况下，比如在中途岛战役和瓜达尔卡纳尔岛战役中，为什么这些武器装备，以及促进这些武器装备高机动性的技术，都极大地帮助了美军进行岛屿防御呢？

根据著名战争学大师克劳塞维茨的观点，战争中进攻与防御的双方，存在一种"外线"和"内线"的相对位置关系[①]，进攻的一方处于试图包围、迂回、主动进行进攻的位置，总是在寻求一个突破点，因而相对处于一个"外线"的状态；而相对应的，防御的一方处于一种相对以逸待劳，守护一个线或面状的防御阵地的位置，相对的处于一个"内线"的状态。攻防两者分别处于内外线的不同位置，具有各自的利得和弊端。处于外线的进攻方，只需要突破一个点即可，而处于内线的防御方则要防御一个面，因此，利用机动性进行包抄迂回，寻找对方的薄弱点，进行集中突破，就成了战争史上进攻方们万变不离其宗的有效策略。而防御方的优势则是，为了包抄迂回自己，进攻方需要在外线迂回移动相当大的半径或距离，而在相同时间内，处于内线的防御方可以相对移动更少的距离，以便随时应对对方的迂回，进行防线的支援和巩固。

通过对克劳塞维茨的观点的分析，可以得出这样的结论，机动性的提

---

① 参见Carl von Clausewitz, *On War*, edited and translated by Michael Howard and Peter Paret, Princeton University Press, 1989, pp. 575~576

高，可以同时为进攻方和防御方提高移动速度，增加优势和便利，但是，由于防御一方相对处于内线位置，因此可以移动更少的距离，花费更少的时间，因此，当技术使得机动性增大时，机动性会带给防御一方相对更多的优势，并且机动性带来的增幅越大，防御一方的优势就越大。军事史上的战役案例，可以提供大量的例证，比如第二次世界大战中苏军的防御表现和反应速度，就远远好于第一次世界大战里面的俄军，这就是因为随着时代的进步，铁路、公路系统的进一步完善，坦克车辆等技术的稳定成熟，苏军可以比当年的俄军更快地针对德军进行调动，应对对方的战略包抄迂回，而且由于机动性的增强，能够做出有效反应所花费的时间更短，从而节省更多的宝贵时间，来抢占战役的先机。这种优势既体现在进行防御战中的苏军上，也体现在后期处于防御作战的德军身上。这种内外线的分析方法，也较好地解释了上面提到的美军在太平洋战争中一些防御战役里面的表现。

　　无论是经过理论分析，还是观察历史案例，人们都得出了机动性相对有利于防御的结论，这显然同格莱瑟和考夫曼提出的结论是相矛盾的，甚至是完全相反的。为什么会出现这种不一致的问题，是克劳塞维茨的理论及其推论错了吗？那么刚才列举的那些历史上的现实案例，又该当如何解释呢？经过简单的分析推敲，就可以知道，是格莱瑟和考夫曼的理论分析出现了问题，也就是攻防平衡理论在有关机动性等技术因素的分析上，存在一定的问题和不妥之处，需要进行一定的修正和改进。格莱瑟和考夫曼所进行分析的技术对象，以及之前的一些正、反两个方面的例子，都是集中于分析传统形式的战争时段，甚至许多都是发生于导弹和喷气式飞机问世之前的攻防对抗，可以说同今天的技术条件，有着巨大的时间代际上的差距。两人的研究也更多是一种考察相对平面的陆地战场的研究，对于海空力量特别是空中力量的考察，显然是不够充分的[①]。为了更好地解决两人所提出的理论假设存在

_____

① 参见Charles L. Glaser and Chaim Kaufmann, "What is the Offense-Defense Balance and Can We Measure It?" International Security, Vol. 22, No. 4, Spring 1998, pp. 44~82

的一些矛盾和问题，更好地挖掘出机动力等因素同攻防平衡之间的关系，需要根据当今变化了的技术条件，引入一种新的技术衡量因素，具体来说，应当将射程或距离这一概念，纳入到对于已有技术因素作用的考察中。

　　中国台湾学者杨仕乐，在研究攻防平衡的技术因素时，曾极有见地地讨论过这一概念，可以说对本作提供了极大的启发意义[①]。他认为，格莱瑟和考夫曼的研究，之所以出现问题，就是因为两人没有考虑到武器装备的射程，也应当是军事力量的技术指标中的重要组成部分。由于在技术革命推动下，喷气机时代以及导弹时代的到来，武器装备的射程和有效攻击距离，大大地被伸展和延长，使得进攻一方在试图进攻防御一方的薄弱地点时，可以相对的不需要像以往螺旋桨飞机和炮弹时代那样，必须进行移动，迂回一定的路程距离，即使移动也只需要移动更少的半径。特别是随着新技术的不断发展，战斗机的飞行速度突破并大大超越了音速，各种不同射程的制导导弹技术的逐渐成熟，逐渐以海空军事力量为主要组成部分的各国军事力量，一方面其射程得到了进一步增大，这样可以某种程度上，允许进攻的一方在对方防御射程之外发动进攻，在受到后者防御火力的伤害之前，对防御一方率先进行打击摧毁；另一方面，新的喷气发动机技术可以帮助飞机和导弹在更短的时间内，完成对对方重要据点、设施或部队的攻击。根据米尔斯海默等军事学者的观点，在喷气发动机时代，飞机和导弹是一种使用相同技术原理，有着相当类似功能的战斗用飞行器，导弹就是被一次性使用的自爆式无人飞机，而飞机就是可以反复运载、发射导弹的有人操作驾驶的导弹，两者其实存在着众多的共通之处。那么无论是飞机，还是导弹，它们飞行速度的极大提高，意味着什么呢？其实意味着技术的变革通过提高速度，而相对的变相缩短了距离，还缩短了对方的有效反应时间。譬如美军使用的标准三型导弹的速度，是其最初型号标准一型导弹的2.5倍，这就可以形象地理解为后者

[①] 参见杨仕乐："攻守理论的实证检验：案例比较研究1914~1973"，政治科学论丛，2007年第三十三期，第117~150页；"攻守理论争辩之评析"，问题与研究，2005年第一期，第141~167页

可以在相同的时间，从数倍的距离外，可以达到同样的进攻效果。前面已经说道，由于新的技术允许进攻方可以在很长的射程之外进行攻击，武器装备的射程相应地减少了武器装备需要移动的空间和时间，因而一定程度上弥补了进攻一方处于外线时，都要面对的一种不利因素，即需要花费更多时间和移动，来完成包抄迂回这一麻烦。与此同时，由于技术进步导致的武器装备的高速度，相当于变相的缩短了进攻方发动有效打击的距离，也大大缩短了进攻过程所花费的时间，这也意味着防御一方的有效反应时间也更加短促，更加难以应对。虽然说技术因素导致的武器攻击射程和距离的增大，会同时使进攻和防御一方获利，但是由于现代战争中飞行武器的速度过快，防御一方可以得益于内线优势位置，从而获得的更多的防御时间，某种程度上已经大大短于人类正常的极限反应时间，因而可以说丧失了一定的实际意义。因此，射程或距离这一技术因素，相对压缩了防御一方的内线优势，因而相对更有利于进攻的一方。

格莱瑟与考夫曼的结论之所以出现了问题，就是由于两人所研究的例子，都主要集中于喷气时代之前的传统军事技术时期，没有考虑到新技术革命推动下，射程或有效攻击距离，这一可能也会对攻防平衡发生影响作用的因素[①]。在重新发现并引回这一"新"的因素之后，就可以发现，许多问题与矛盾，都可以一定程度上得到解决。现在再回过头来，重新观察前面提到过的一些案例，比如骑射民族对农耕步兵部队的技术性优势，以及由此带来的极大的进攻性优势，既是由于战马的机动性和弓箭的高"火力"的功劳，更是依靠复合弓所射出箭矢的超远射程。试想一下，如果阿尔泰民族骑兵是近战骑兵，需要贴身近战，这会相比弓骑兵来说，受到对方近战反骑兵武器的更多伤害，在包抄迂回对方部队的薄弱侧翼时，也必须移动更大的半径，消耗更多动能，还使得对方可能有充分的时间，来调整阵列方向，及时封堵

---

① 参见Charles L. Glaser and Chaim Kaufmann, "What is the Offense-Defense Balance and Can We Measure It?" International Security, Vol. 22, No. 4, Spring 1998, pp. 44~82

薄弱缺口。这也是为什么早期匈奴等骑兵在面对罗马骑兵、哥特、日耳曼等西欧各族战士时，没有那样明显的进攻优势，最后没能取得足够大的胜利的原因。但是到了蒙古西征时，情况就大不相同了，蒙古远征部队可以凭借不到两万的弓骑兵，大破波兰、匈牙利、捷克和日耳曼骑士团等四国的步骑联军，以少胜多，斩首达九万之众，最后扫荡了几乎整个欧亚大陆[①]。这对例子的比较，生动地说明了射程对于攻防平衡的重要影响作用。

2. 精准度或命中率因素

通过引入射程这一因素，相当程度上解决了单纯分析机动性因素，所引发的一些问题。同样的道理，通过进一步分析引入射程因素，也能解决格莱瑟和考夫曼有关火力相对有利于防御的观点。格莱瑟和考夫曼认为，当技术可以令各方的武器装备的火力，也就是有效攻击力，得到同时增强的时候，防御一方会更多地得益于火力这一技术因素。这是由于进攻一方更容易暴露在防御方的火力杀伤之下，特别是在进行地面力量密集冲锋的时候，更容易受到对方的大范围火力覆盖杀伤。第一次世界大战中的法国名将福煦就曾经指出，在地面上匍匐卧倒的士兵，其被弹面积和概率，相比较没有进行掩护姿势的士兵来说，仅为后者的八分之一，如果这时候再考虑到额外的掩体因素，比如在掩体或堑壕中隐藏自己的士兵，和正在旷野上向堑壕阵地发动奔袭进攻的士兵，他们两者之间的被击中的概率差距，可能要达到一个更加悬殊的数字[②]。虽然福煦没有给出这个具体的数值，但是后来一战中各大战役的伤亡数字，一定程度上验证了福煦将军的言语。因而，火力因素是一种相对来说，更有利于防御的一种技术因素。

然而，在将射程这一因素纳入攻防平衡影响因素的考察之后，可以看

① 参见George H. Quester, *Offense and Defense in the International System*, John Wiley and Sons, 1977, pp. 29~36

② 参见Robert J. Art and Kenneth N. Waltz, *The Use of Force: Military Power and International Politics*, Rowman & Littlefield, 2004, pp. 151~152

出，当今新技术的发展，会使得火力相对有利于防御这一结论，受到一定的削弱和动摇。由于军事装备射程的提高，进攻一方可以在防御一方的有效射程之外发动攻击，极高的速度也给了防御一方更不充足的反应时间。譬如F-16战隼擅长使用的一击脱离战法，就是利用远程导弹进行攻击，在进入对方防空火力防御网之前，就发射攻击导弹返航，对方即便能够发动防御，拦截或者躲避F-16所发射的导弹，但还是无法对战斗机本身，造成有效的威胁伤害，F-16战斗机至今保持着没有被击坠的记录，跟这种充分利用射程外攻击的技术战法息息相关。在当今飞速发展的高精尖技术条件下，不仅空中的各式战斗机是这样，陆海空各种武器平台所发射的各式导弹，也可以发动超远程甚至跨洲际的攻击，并且有的时候在发动攻击时，这些导弹所借以发射的武器平台，远远处在防御方射程之外，还有的发射井深深掩藏在隐蔽的环境内，甚至根本不需要进行移动，因此也就不涉及暴露在对方防御火力之下的问题。因而，火力在旧式传统战争中所能带给防御一方的优势，在当今新的技术条件下，受到很大程度上的抵消，火力因素似乎不再那么相对的青睐于防御的一侧。

当然，防御的一方也可以利用导弹或者战机的空中甚至立体层面的多维打击，来回应甚至预先摧毁进攻方的进攻力量[①]。然而这至多证明了火力的增强，会对进攻和相对积极的防御双方，提供近似同样程度的促进作用，同格莱瑟和考夫曼所提出的火力有利于防御优势这一结论，依然存在一定的距离和差距。

通过之前对于机动性因素的分析，可以推论出格莱瑟和考夫曼两人的假设结论，在发生同实际情况相矛盾龃龉的情况时，并不是由于两人在攻防平衡理论基本的分析框架上有错误，而是两人对于如机动性、火力等技术因素的分析，不够全面和透彻，没有考虑到机动性和火力可能受到射程等各种其

---

① 参见Jun Hyuk Park, "Offense, Defense, and Preventive Attack after World War II," Purdue University Dissertation, 2012, pp. 31~33

他范畴因素的影响，以及这种可能性①，因此，除却射程之外，一定还存在一种没被发现引入的技术因素，影响着火力对于攻防平衡影响作用的发挥。本书认为，除却射程之外，还需要将精准度或者说命中率这一概念，纳入到对于火力技术因素的考察中。

　　武器装备所能产生的有效的攻击效能，是由相同成本或相同单位的武器装备，给对方所能造成的有效伤害，来进行判断和衡量的，而武器装备在对敌方目标发动攻击时，其所能造成的伤害，既取决于该武器装备的有效攻击力，即火力，还取决于该武器装备命中对方目标，并对其造成伤害的概率，即命中率，或者说攻击的精准度。火力和精准度这两个因素，共同决定了该武器装备对目标的有效攻击伤害效果。第二次世界大战时，德军在进行装甲部队模拟对抗演习或兵棋演练时，也曾使用过这一计算公式，即：

　　攻击伤害 = 攻击力 × 命中率 — 目标的防御力

　　举个具体的例子来说，一辆坦克炮击一辆敌军坦克，本方坦克给对方坦克造成的伤害，应当如何判定？首先要将攻击力乘以命中率，如果炮弹射飞，未能击中对方，则命中率计为零。之后再判断这一攻击力，是否有效击穿对方的装甲，是否发生了跳弹现象，是否发生了哑弹现象，如果没有击穿对方装甲，也要考察被对方装甲防御了多少穿深。如果的确击穿了对方的装甲，再计算攻击力在被装甲抵消一定比例之后，最终造成了多少有效的伤害。如果这种伤害足以造成搭乘员的死亡，主要关键部件功能的损毁，甚至坦克整体的殉爆的话，就可以做出最终裁断，判断是否摧毁目标坦克。这个过程其实说明了，武器装备的精准度，和火力一样，都是一个极为重要的技术指标，在对于影响攻防平衡的技术因素的分析中，不能不考察研究精准度对于攻防平衡带来的影响。

　　随着20世纪新技术革命的不断发展，并一路发展到当今崭新的二十一世

---

① 参见Charles L. Glaser and Chaim Kaufmann, "What is the Offense-Defense Balance and Can We Measure It?" International Security, Vol. 22, No. 4, Spring 1998, pp. 44~82

纪，武器装备的精准度在飞速地提高。在第一次世界大战中，可能需要几万发的子弹和炮弹，才能够摧毁掉对方一个有生军事力量[①]，到了第二次世界大战，及其之后的冷战期间的各种局部战争中，这一精度得到了逐步的提高。特别是进入信息时代之后，在从海湾战争到伊拉克战争再到叙利亚战争这近二十年的发展中，美军在历次战争中所展现的不断提高的定点精确打击军事能力，特别是对本拉登、巴格达迪和苏莱曼尼等人的"斩首"行动中，越来越多已经昭示着技术的发展，开始促使当今的高科技战争，变成一种高精度高效率的战争，各方的最先进最顶级的武器装备之间进行的交锋，往往是"一击必中"，更多是一种互相"狙击"对方的激烈状态，战况会更加的白热化，各方军事装备平台会更致力于占据有利的打击时机和打击位置，争取主动和预先打击成为一种技术效果上非常有用的手段，攻防平衡有向进攻占优一方移动的趋势和可能。

具体来说，精确度对于攻防平衡的影响，在于以下两个方面：一方面，当今高新技术战争中，各国的武器装备，特别是制导导弹和制导炮弹的发展和升级，可以精确地击穿目标的装甲或防护层的薄弱处，更可以实现各种高度和角度的高速穿行，穿越过各种障碍物，更加精确地打击或击穿掩体、地洞、工事等各种防御建筑，实现对其内部所要掩藏的重要目标的精确打击。这种更加精确灵巧的进攻方式，如狙击手一样精准，一击必中，又像外科手术一样，精确严谨到不差分毫，因而也被称作外科手术般的打击方式。这种来自多层立体方向的，并且误差在几米甚至更小的高精度的打击，一定程度上抵消了防御工事的防护意义。在另一方面，武器装备精确度的提高，换一种角度来说，就相当于可以在用更少的火力，来达到相同或近似的伤害效果，这也使得战争变得更加精巧，参与这种新型高精尖技术战争的各方军事力量，将更多依靠有效的机动力、射程以及精确打击率，而不是大范围的火

---

① 参见Michael Howard, "Men against Fire: Expectation of War in 1914," International Security, Vol. 9, No. 1, Summer 1984, pp. 41~57

力压制，来取得战争的主动权，传统战争中的大规模地面部队的密集冲锋，会暴露在对方的精密火力伤害下，将不再成为进攻一方的所要选取的明智手段。这就使得攻防各方，特别是进攻的一方，会选择更少的暴露在对方火力之下，比如为应对防御方火力压制所进行的地面部队的分散推进，因而防御一方将不再具有火力压制上的优势，这一定程度上削弱了以往火力所能给予防御一方的优势地位。

举一个步兵武器技术在20世纪发展变化的例子，就可以粗略地理解精确度对于攻防双方优势转化的影响。在20世纪的前半叶，由于新型步枪的发展尚处于发展阶段，一些种类的步枪即使实现了由单发向连发的转变，但是弹量的有限，使得步枪的火力不足以形成弹幕的压制，而更多是一种点对点的"点射"，同时又由于机械瞄准时代技术仪器的粗糙原始，步枪的精度很大程度上取决于操作者即步兵的射击技术和状态，因此效果发挥很不稳定。这就导致了步兵必须形成规模效应，才能有效施展步枪的威力，但更加密集的进攻阵列，也势必导致更多的暴露于对方火力压制的伤害之下[1]。机关枪和冲锋枪等高火力输出枪械，就是一种为了最大限度发挥火力压制效果，而极大程度上牺牲了射击精度的武器。虽然机关枪和冲锋枪的精确度和射程都不及步枪，但是由于可以实现一个大范围面的火力压制，因而可以有效地杀伤对方的步兵密集阵列。两次世界大战等传统战争中，轻重机关枪和各式冲锋枪等武器，更多的为防御的一方提供了优势地位。但是在二战的末期，随着以STG-44 突击步枪为代表的，具有划时代意义的新一类型单兵武器的出现，极大地改变了这种传统局面。二战之后并且一直到今天，突击步枪成为单兵枪械的发展主流，这种类型的武器结合了火力和精确度的两方面性能考虑，达到了合理有效的平衡，同时红外技术等各种光学瞄准设备的发展使用，更大地提高了其射击精度，可以基本实现指哪儿打哪儿，并且其火力并不逊于冲

---

① 参见Robert J. Art and Kenneth N. Waltz, *The Use of Force: Military Power and International Politics*, Rowman & Littlefield, 2004, pp. 151~152

锋枪和机关枪。虽然冲锋枪等旧有武器类型依然存在，有的还同步枪结合产生了冲锋步枪等新混合类型，但是武器精确度技术的提高，无疑削弱了前面提到的那两种枪械的巨大火力压制作用。因此，通过分析可以知道，精确度可以为进攻和防御的各方，都能提供效果加成，但是由于削弱了防御一方火力压制的部分有效意义，因此相对的更加有利于进攻的一方。同时，由于精确度这一新技术因素被引入考虑中，火力因素对于攻防平衡的影响，也将变得更加复杂，并且在今后技术的进一步发展中，很有可能进一步向进攻有利的方向发展，而不是像格莱瑟和考夫曼曾经分析出的那样，相对的有利于防御[①]。

火力技术因素对于攻防平衡的影响，会是一个非常重要的问题，因为这直接同核武器对于攻防平衡的意义作用的可能性变化息息相关。根据杰维斯等大多数攻防平衡理论学者的观点，核武器由于是一种摧毁力极大的武器，实际上是一种火力奇大的巨型炸弹，因此火力因素对于攻防平衡的影响，也同核武器对于攻防平衡的作用这一问题，在理论逻辑上关系紧密，可以说是同一个问题的极端化表现。由于火力因素随着新技术革命下技术条件的变化，以及新的射程、精确度等因素的重新发现和纳入分析，对于攻防平衡的影响，从相对有利于防御占优，逐渐转变为渐渐倾向于进攻占优，那么同样的，正如第三章中曾经论述过的那样，在新技术革命的进一步展开下，核武器对于攻防平衡的影响意义，也会呈现出许多复杂微妙的变化，而不再发挥以往历史上那种完全推动防御占优的原有作用。有关核武器在未来的具体作用，需要结合引入新的技术要素，来进行具体分析。

3. 通信、防护与脆弱度因素

关于武器装备的防护这一技术要素，格莱瑟和考夫曼认为，由于技术的发展所带来的防护上的增强，会给进攻和防御的各方，都会提供额外的保

---

① 参见Charles L. Glaser and Chaim Kaufmann, "What is the Offense-Defense Balance and Can We Measure It?" International Security, Vol. 22, No. 4, Spring 1998, pp. 44~82

护，从而起到减小伤害和延长存活概率的重要作用，因而是既可以有利于进攻，又可以有利于防御的一种技术因素。然而两人随后又指出，由于进攻的一方要更多的暴露在防御一方的火力之下，而防御一方则可以将自身置于防御工事或堑壕掩体的掩护之内，因而进攻的一方是相对来说，更容易受到伤害和狙击的一方。这一点，在上面探讨火力技术因素时也曾经讨论过，之前历史中的各场传统战争背景下，进攻的一方为了实现进攻目的，要更多的暴露在对方的火力压制之下，因而相对的，要承受比防御一方更多的来自对方的火力伤害，因而防护性技术的发展进步，对于进攻方来说，可能相对更加重要，因而格莱瑟和考夫曼认为，防护是略微倾向于更多的有利于进攻方的因素[①]。

当然，格莱瑟和考夫曼的观点在大体上是正确的，但是也应当注意到，随着新技术革命的发展，特别是进入更加高精尖技术的新世纪后，如今正在初现端倪的新型战争或冲突，会大不相同于两人所处时代的战争形式，一定程度上会使得他们这个结论，面临一些更加复杂的情况。一方面，由于战场越发的多维度化与立体化，各国军事力量进行军事打击的方式，变得更加丰富多样，会涉及陆、海、空、天等各种不同领域，因此，以往传统战争中的掩体或护甲所能提供的防护，将变得更加笨拙。例如早在二战时期，盟军就利用来自空中的俯冲轰炸机，来攻击摧毁德军的重甲坦克，因为从地面力量的平面角度，攻击德军厚重装甲的强力坦克，往往不能够击穿其正面装甲，但是从上方垂直角度投弹，就可以炸穿坦克相对最薄弱的顶部装甲，同时还可以减少被德军坦克击中击伤的风险。即使在战后的新技术发展早期，这种进攻手段也屡试不爽。因此，单维度的简单防护，在新的技术条件下，其有效性不断地被削弱。另一方面，虽然各国可以利用新的技术发展，来研发更

---

① 参见Charles L. Glaser and Chaim Kaufmann, "What is the Offense-Defense Balance and Can We Measure It?" International Security, Vol. 22, No. 4, Spring 1998, pp. 44~82

先进的防护手段，比如美军M-1主战坦克的复合材料装甲，可以抵御更大的伤害，或者发展可以防御多重方向立体打击的新型防御工事，然而这种改进相对意义有限。由于今后各国军事力量中，每一单位武器装备的技术含量和建造成本将更加升高，损失一件武器装备的代价会变得更大，因此，今后攻防各方可能采用的防护方式，会从消极被动的抵消伤害，逐渐转型为积极主动的规避伤害，这就会导致各国在军事领域上更加灵动积极，会加剧冲突乃至战争的频度与烈度[①]。

通过上面关于新引入的射程与精准度因素的讨论，也可以得出同样的一种分析结论，即随着武器装备的火力更大，攻击也更加精准，同时机动性和射程也大大增强的情况下，今后各国武器装备的自身存活和伤害防护，比起以往依靠护甲或掩蔽物等简单机械的被动性的防护，这种更多立足来抵御伤害的消极方式，逐渐转化为一种更加灵活机动的防护，即采取可能更多的依靠预先性的快速规避，或者射程外的先发攻击优势等，以求更加积极主动地来避免伤害。因此，防护在今后新的时代技术条件下，很可能在各种技术因素中的影响重要性上，会一定程度上让位于其他更加被依赖的技术因素，防护对于攻防平衡的影响，也会比以往变得更加复杂。

防护技术已经更多地依靠同其他多种技术因素相结合来实现，而不再只依靠单纯自身的防护技术，其权重比例正在相对下降，同时防护技术因素对于攻防平衡的影响，也更为暧昧复杂。但是，在一些具体领域，防护因素还是能够对攻防平衡产生一些方向上较为清晰的影响。譬如自20世纪末以来一直到当今，持续引领军事新技术发展潮流的新型隐形技术，就是一种相对更有利于进攻的防护技术。现在以美国为代表的先进隐形设计技术，已经应用到战机、战舰的外形设计中，将来甚至也会逐步应用到地面武器装备上。隐形技术可以帮助正在执行军事任务的各种武器装备，尽可能地规避来自敌方

---

① 参见Charles L. Glaser, "The Causes and Consequences of Arms Races," Annual Review of Political Science, Vol. 3, June 2000, pp. 251~276

的雷达的信号侦测，从而减少受到对方防御火力反击的风险。由于各式类型的防空、反舰、反潜乃至反导等防御性武器系统，都需要借助雷达或声呐等观测仪器，隐形技术就是一种欺骗或规避对方观测仪器的技术，使得发动进攻一方的武器装备更加神出鬼没，因而可以为其服务的进攻一方，提供更大的便利。当然，隐形技术也可以被防御一方的武器装备，用来躲避对方正在机动中的武器装备的探测，从而敌明我暗的阻击对方的进攻[①]。然而鉴于目前可携带在可移动装备平台上的雷达的规模和性能，相对要远远低于固定在稳固平台上的雷达，因此，隐形防护技术，是一种相对更加有利于进攻的新型防护技术。

虽然通过对新技术革命下技术因素发展变化的分析，初步补充并一定程度上丰富了格莱瑟和考夫曼两人关于防护技术因素的观点，然而人们依然无法准确地得知，随着新的技术革命的进一步深化，防护因素对于攻防平衡中进攻与防御各自的难易程度，在未来会产生的确切影响。同防护因素一样，其他因素如通信、侦查等因素，在新的技术条件下，也发挥着更加复杂而多面的影响，难以判断其更加便利于进攻抑或是防御。此外还有后勤技术因素，相比较以往的传统战争，当今的高技术战争中，后勤部门面临的总体工作量，虽然相对伴随着武器装备总数的精简，而相应的有所下降，但是由于武器装备的技术含量和复杂程度的提高，后勤工作变得更加趋向于专业化和精巧化，其单位时间内的工作负担变得更重，对工作质量要求变得更高。同样，信息技术发展进步带动了信息网络系统的成熟发展，使得通信、侦查等技术因素的重要性更加重要，对于攻防平衡的影响也更加复杂，很难简单地认为这些技术因素会更多地使得进攻占优，抑或是防御占优。

因此，针对新技术革命下新的技术发展特点和变化了的战争形态，本研究需要在分析防护、通信、侦查、后勤这些因素的基础上，再度引入另一个

---

① 参见I Yuan, "Cooperation and Conflict: The Offense-Defense Balance in Cross-Strait," Issues & Studies, Vol. 33, No. 2, February 1997, pp. 1~20

新的因素，即脆弱性因素。由于在未来的信息化战争条件下，各国军事力量及其武器装备，对于信息网络系统的依赖程度越来越大，一旦信息作战网络受到一定的干扰、劫持或者破坏，就有可能极大的影响甚至瘫痪这些严重依赖信息技术网路的高精尖武器装备的使用能力[①]。因此，脆弱度因素，或者说对信息通信网络的依赖性程度，将会是一个在今后深刻影响攻防平衡的一个崭新技术因素。脆弱性因素，其实既涉及了防护性技术因素和通信技术因素，还会同时涉及侦查情报因素和后勤技术因素。比方说，一个国家的军事力量对信息网络系统的依赖性越大，其信息网络的脆弱性也更大，对于该系统的防护、信息情报处理、后勤保障等技术任务，就变得更加艰巨，因此更不利于对其进行防御，一旦遭遇损失很难在短时间内恢复，因而极大地加大了防御一方的成本。一方军事力量对于信息网络的依赖性，或者说其信息作战系统的脆弱性程度，直接关系到其武器装备的正常运作和使用，乃至关乎通信、侦查等信息获取，以及战场指挥控制的能力等关键性因素，同时也会使系统防护、后勤保障等面临更大更多的压力，从而相对来说提高了防御一方的实施难度。

今后日益成为战争主导形态的现代信息化战争中，各国对信息作战网络的依赖性都会更大，在物理性对抗进行之前或进行之中，在网络电子战场领域，向对方网络系统进行干扰、攻击乃至劫持、瘫痪，将成为战场中的一个重要的预先环节。在这种大的信息技术变化前提背景下，哪一方的信息网络系统更加脆弱，更加容易在攻击中受到伤害，或者在遭到攻击后更难得到备用补充和恢复，那么这一方的军事装备，就更难正常地发挥作用，相当程度上会在其后的物理性军事作战中丧失优势，从而走向失败[②]。因此，脆弱性因

---

① 参见David H. McIntyre, "Taming the Electric Chameleon: War, Offense-Defense Theory, and the Revolution in Military Affairs," Maryland University Dissertation, 1999, pp. 40~45

② 参见David H. McIntyre, "Taming the Electric Chameleon: War, Offense-Defense Theory, and the Revolution in Military Affairs," Maryland University Dissertation, 1999, pp. 40~45

素是一个十分重要的崭新技术因素，随着它的引入，会产生两方面的效果：一方面，由于军事力量所赖以正常运转的网络系统的脆弱性，会使得无论是进攻的一方，还是防御的一方，都更容易受到对方的伤害，战况将变得更加激烈，传统战争中可以给予防御一方的相对从容的反应时间，将变得更加短促，因而一定程度上使得防御的一方的防护和相对优势遭到了削弱，从而使得进攻更加相对有利；另一方面，信息作战系统的脆弱性不但要求国家对武器装备进行技术上的保护，尽可能地避免战损，同时还要对网络作战系统进行监督、防护、备份等，提高了系统防护和后勤链条的压力，大大提高了花在防御上的成本，而相对的，对于目标网络系统的攻击，则不需要那样多的成本，在任何地点和端口都可以实施，甚至可以劫持或利用第三方平台工具发动攻击，使得被攻击方无法有效进行报复式反击，而不得不更多地倾向于预防性先发制人攻击，因此信息作战系统脆弱性的因素，会导致攻防平衡在今后的技术进一步发展中，日益明显地倾向于进攻占优。

4. 有关地理因素的新意义

在对攻防平衡施加某种体系结构层次上的制约或影响的因素中，除了技术因素之外，还有另外一个重要的因素，那就是地理方面的因素。但是，这两种因素在对攻防平衡施加影响的具体方式和程度上，有着不尽相同的特征和途径。由于技术因素是攻防平衡中相对更加活跃的一个变量，技术本身就随着时代进步和技术变革，处于不断的发展变化之中。因此技术因素的变化，对于攻防平衡的影响方式更加动态，技术发展变革所展现出的许多新的特征，可以非常快速和明显地反映在攻防平衡上。同技术因素不同的是，地理因素并不是直接通过自身的快速变化，来推动攻防平衡的变化的那种动态性要素，而是通过结合技术等其他因素变化了的条件背景下，展现出对于攻防平衡不同的影响作用、程度或意义，从而间接地推动攻防平衡的变动。这种相对间接，部分程度上相对静态的特殊影响方式，是由于地理因素在国际关系研究中，是一个相对比较稳定的变量，自身特征较少发生明显的变化[1]。然而与此同时，地理舞台又是人类及其国家进行国际政治活动的重要舞台，因此，地理因素对于人的实际作用，要取决和适应于当下具体的技术发展条件，地理特征对于人类特定的用途或意义，需要结合技术因素的发展与变化进行分析。

地理因素对于国家从事进攻和防御的意义，主要反映在国家所处的地理位置、地理特征、地理范围等三个相对具体的方面。地理位置分布，决定了国家间进行战争或冲突时，可能波及的战场的地理正面宽度与广度。一般来说，地理正面越狭窄，则相对的更加有利于防御，地理正面越宽广，则反之相对的不利于防御。地理特征既包括所要分析区域含有的基本地理类型和分布，更包括特定地理类型上，各种自然或人类造成的具体地表形态特征。换句话说，基本的地理类型分布，就是观察分析区域内山岭、峡谷、平原、高地等基本的地形类型特征。具体的地表形态特征，则是在一块特定的地形区域上，地表是草原、田野、公路这样相对平滑的地表，还是密林、荒漠、沼泽甚至河湖纵横这样难以通过的地表，抑或是城市废墟或者人工构建的各种障碍工事等组成的复杂地表，这些都会为进攻和防御的各方，提供不同程度的障碍阻滞作用。地理范围则是大致描述了国家的基本疆域范围大小，根据以往的传统战争经验，国土越大的国家，在防御上相对的更加处于优势位置。这种在地理范围方面上的优势，当然有可能同时也会导致在其他方向上的不同效果，如地理位置方面上的劣势，因为一个国土广大的大国很有可能边界也很绵长，所要暴露给进攻方的战场正面也会增大，毗邻的国家数量众多，也自然会面临更加复杂的防御形势[2]。因此，分析地理因素对于攻防平衡

---

[1] 参见Steven Van Evera, "Offense, Defense and the Cause of War," International Security, Vol. 22, No. 4, Spring 1998, pp. 5~43

[2] 参见Steven Van Evera, "Offense, Defense and the Cause of War," International Security, Vol. 22, No. 4, Spring 1998, pp. 5~43

的作用，一定要综合分析上面叙述的这几个方面，了解它们在全部纳入考虑之后，把握其所产生的某种合力，即地理因素下各个具体方面的共同作用。

在当今以及不远的未来时间内，世界地理地貌并不会发生非常明显而剧烈的变化，各个国家在所处的地理位置、地理特征、地理范围等具体方面上，也基本保持着现有状态，不会有太大的改变。但是，新的技术变量所施加的，不同于以往时候的新的影响，可能会改变这些地理条件对于攻防平衡，特别是防御一侧的既有的可能意义。

由于新技术革命在各国军事力量构成比例上引发的一些变化，地理位置，即战场正面空间的大小给防御带来的影响，也会相应发生一定程度的改变。今后的高科技战争中，战场会更加立体，海空力量会占据更加重要的位置，发挥更为关键的作用。因此，传统战争中的陆地战场的平面意义，会在某种程度上，出现一定的变化。过往战争中主要以地面大规模部队推进攻击的模式，可能会在相对大的概率上，沦为一种较为笨拙与过时的进攻方式，因为这样会使自己大量密集的作战部队，暴露在对方的空中火力之下，成为空对地武器理想的靶的。无论是进攻一方，抑或是防守一方，在今后可能的新型战争中，都会更多地使用自己的海空特别是空中力量，而以天空为舞台的制空权的争夺，受到的地理因素的影响，可以说相对微小。地理正面战场空间的大小，对于双方来说，重要性和影响程度都将相对变小，不再像过去那样具有极度重要的作用。

同样或类似的情况，也适用于地理特征这一变量。对于传统地面部队难以行进的复杂、崎岖的地表地貌，或者充满地理障碍的自然或人工区域，对于主要动用快速空中力量来进行攻防互动的双方来说，所能起到的迟滞作用将大大减少，为双方所能节省或者争取的反应时间，在高新技术战争短促而快速的军事进程面前，这种有限的意义将变得微乎其微[①]。与此同时，地面

---

① 参见杨仕乐："攻守理论的实证检验：案例比较研究1914~1973"，政治科学论丛，2007年第三十三期，第117~150页

战斗车辆和各种工程车辆及运载设备性能的提高，也会一定程度上削弱自然或人工地理屏障所能起到的干扰作用，使得地理障碍对于进攻一方来说，不那么成为一种阻滞部队前进的很大的不利因素。但是相对的，地面下的一些地质特征因素，可能在今后逐渐成为一个新的有影响力的地理因素。由于未来战场更加的立体化，无论是进攻一方，还是防御一方，都不希望自己最具有战略价值的目标，暴露在对方的陆海空多层次多角度结合的立体火力威胁下，往往会在地底深处、山体内部甚至海洋冰盖下，掩藏己方的重要设施或装备。到了那个时候，相对于地表地理特征的观察来说，涉及地表下方的有关地质岩层特征的把握，可能就会具有更加重要的作用。

至于讨论到地理范围这个具体方面，正像前面论述中已经解释过的那样，由于技术的发展以及武器装备射程的提高，特别是现代化战争越来越凸显的一种全方位立体化的战场特征，一个国家在国土的纵深意义，以及这种纵深可能带来的有效防御功能，可能会变得越发微妙与复杂：一方面，人们必须承认，拥有较大的国土纵深，即使是在海空力量逐渐占据主导权的高科技战争中，也会发挥重要的战略价值，同时，在不考虑特殊极端情况下，国土广大，通常也意味着资源人力丰富，工业生产能力强大，这也会对增强该国的军事力量起到巨大的作用[①]；但是另一方面，这种广大和纵深，可能随着新技术的进一步发展，其给予防御一方的巨大优势，会越来越被一步步抵消掉。因此，地理范围这一要素对于攻防平衡的意义，可能会展现出更加复杂的面貌，其所发挥的作用，也越来越具有多面性，需要具体且综合多方面的分析。

通过分析地理因素在新的技术条件下所展现出来的，一些有别于以往时候的一些新的意义，可以看出，在原先地理因素的各个方面，发挥着大体上更多有利于防御一方的作用，而攻防平衡理论也得出了国际体系中防御相对

---

① 参见Charles L. Glaser and Chaim Kaufmann, "What is the Offense-Defense Balance and Can We Measure It?" International Security, Vol. 22, No. 4, Spring 1998, pp. 44~82

占优的结论。然而随着时代的变化和技术的发展，很多地理因素对于防御一方的意义，受到了不同程度上的弱化或消解，而针对这种技术变革，在对技术因素中的许多要素的分析进行了更新完善之后，换句话说，对攻防平衡理论进行了适应新技术发展变化的修正与改进之后，也会发现攻防平衡正在变得不那么对防御一方有利，甚至正在向进攻有利的一方发展的趋势。

　　研究攻防平衡理论的不同学者认为，除了技术和地理因素之外，还有很多因素，也同样对攻防平衡的变动，发挥着非常重要的作用，但是鉴于维护攻防平衡理论的简洁精练性，本研究将主要考察位于体系结构层次的技术和地理这两个核心的要素①。至于其余因素在新技术革命大背景下，其特征和作用又发生了怎样的变化，本书恐怕不能给出很合适的答案。这一理论任务将留给后续专门研究单元层次的其他国际关系理论，来进行更好的探究和解决。

4.3.2　攻防平衡的新特征

　　在格莱瑟和考夫曼关于技术的各种因素进行分析研究的基础上，本作对其做了一些边际上改进和修正，针对新技术革命背景下新技术变化的特点，引入了一些新的技术变量因素，同时讨论了已有的技术或地理因素，在新的技术变化条件下的新特征。综合前面部分所列举和引入的各种影响攻防平衡的各种因素，可以得出一个大致的结论，当今新技术发展条件下的攻防平衡，由于受到新技术革命的进一步深化发展的影响，在大体上趋向于进攻占优，这是同攻防平衡理论所产生和发展的历史时期，有所不同的崭新特征。攻防平衡理论脱胎于美苏核恐怖对峙的冷战背景，其后四十多年的发展中，研究探讨攻防平衡理论的学者，都或多或少地认同在当时，国际体系是一种

---

① 理由亦然见于Sean M. Lynn-Jones, "Offense-Defense Theory and Its Critics," Security Studies, Vol. 4, No. 4, Summer 1995, pp. 660~691

防御占据优势的攻防平衡状况，因此安全困境可以得到缓解，国家间的合作可以达成，从而该理论也被归作"防御性现实主义"[①]。

然而随着新世纪以信息技术、空间技术、核技术等尖端领域为代表的新技术革命的全速展开，带动一系列技术的日新月异的飞跃发展，使得各种原有的条件因素，发生了许多新的变化，攻防平衡也呈现出了一种新的特征，那就是当下及今后的国际体系内，一定程度上是一种进攻占优的状态，攻防平衡会逐渐趋于向进攻相对更加有利的那一侧移动。攻防平衡逐渐趋向于进攻占优，同时攻防之间又相对的可以得到一定的区分，这种国际体系大环境，非常类似于上文杰维斯列举的那四个平行世界中的第三个世界[②]。在这个世界中，由于进攻占优，国际体系内冲突或战争产生的概率或者说可能性，会在相当大的程度上升高，国家的安全受到的危险也更加大，安全困境会在一定范围内依旧发挥作用。但是，由于攻防之间相对可以进行较明确的区分，国家对于彼此的发展动向，会更加明晰确定，来自其他国家的进攻性行为动向或者政策目标，都会提前的提供一种信号，从而使国家能够进行相应的对应和准备，这样会使防御一方的国家的心态更加从容。由于攻防平衡上进攻占优，不但会令进攻的一方相对占据优势，同时如果防御的一方也采取进攻的预先性的行动，也可以利用攻防平衡进攻占优的有利条件，进行积极主动的防御。防御一方的国家可能的选择应对措施，相比进攻一方，有着更多的可供选择项，既可以采取稳健的防御政策，也可以采取积极的防御反击政策，当然也可以采取预防性的主动防御政策。国家在维护安全的立场态度上，要更加从容，在国家间外交谈判中，会更加具有耐心，可以主动选取的政策选项，也更加多样灵活，这些都会在一定程度上帮助抵消国际体系内的

---

① 参见Charles L. Glaser, "The Security Dilemma Revisited," World Politics, Vol. 50, No. 1, October 1997, pp. 171~201

② 参见本书第二章节中有关杰维斯四个世界分类的讨论，来自Robert L. Jervis, "Cooperation Under the Security Dilemma," World Politics, Vol. 63, No. 3, January 1978, pp. 167~214

安全困境所施加的不利影响，更加有利于国家间冲突的避免和合作的达成。换句话说，攻防平衡客观上使得冲突的可能性在一定程度上增大，但是国家主观上的战略操作和政策选择，会对于维护安全、促进合作、避免冲突和战争，发挥比从前更加重要的作用。

4.4 修正与完善后的攻防平衡理论

4.4.1 同改进前的攻防平衡理论之间的相互关系

经过边际性改进后的攻防平衡理论，同之前原有的攻防平衡理论，既有着继承关系，又拥有自身拓展的一些新的因素，是原有理论经过补充、完善后的一定程度上的升级版本。那么，改进后的攻防平衡理论，同改进前的攻防平衡理论之间，有着怎样具体的相互对应关系呢？进行边际性改进后的攻防平衡理论，在整个攻防平衡理论的大的理论谱系中，又处于一种怎样的位置和状态呢？

杰维斯、奎斯特、林–琼斯所代表和倡导的狭义的攻防平衡理论，主要立足于技术、地理等体系层次的要素，是一种精巧简练的结构理论，因此也被包括本作著者在内的众多研究攻防平衡的研究者们，视作攻防平衡理论的主流分支理论，或者说攻防平衡理论的一种最"核心"的表述版本[①]。本书所研究选取的攻防平衡理论，也是以这一主流的理论分支为理论研究的基础和出发点，始终将攻防平衡理论的理论研究层次，严守于结构体系层次。在这一大前提下，在具体展开研究中，则利用格莱瑟和考夫曼对于技术因素的细化

① 参见Sean M. Lynn-Jones, "Offense-Defense Theory and Its Critics," Security Studies, Vol. 4, No. 4, Summer 1995, pp. 660~691

工作①，在两人分析研究的基础上，引入新的技术因素变量，同时阐述旧有变量在新技术条件下的新意义，在边际上改进了攻防平衡理论，使得其更加适应了新技术革命带动下变化了的新的技术条件，从而一定程度上加强了理论的逻辑严密性和理论自身的解释能力。

当然，影响攻防平衡的核心因素，除了技术因素之外，还有相当程度上同样位于结构层次上的地理因素，而地理因素作为一个相对恒常稳定的因素，在已有攻防平衡理论学者的分析讨论中，并没有涉及过多，在相当长的一段时期内，地理因素并不会有太大的变化，因而暂时没有在地理因素内添加新的变量内容。但是，攻防平衡中原有的一些影响因素，如地理因素、核武器因素等，虽然本身没有发生大的新变化，然而它们会在新的技术条件下，对于攻防平衡及其对于各个国家的影响上，展现新的不同的意义，因而，也同前面引入和讨论过的那些新的因素一样，值得攻防平衡理论的研究和关注。

在修正和改进攻防平衡理论时，又吸收了范·艾弗拉、彼得尔等人拓展攻防平衡理论变量时的经验教训②，没有因为引入过多非体系层次元素，导致攻防平衡理论一定程度上蜕变为一种还原主义形式的外交政策理论。在引入新的技术因素时，特别留意了这一点，并没有加入新的单元层次的因素，而是保持在技术等结构因素层面的讨论，因而也没有损伤理论的精简性，恪守了攻防平衡理论的主流理论特征。经过修正改进后的攻防平衡理论，依然是主流的体系结构理论，仍然具有理论结构的精巧简练性，只不过是针对解释理论领域的拓展需要和响应新技术条件的变化，对影响技术的变量因素，

---

① 参见Charles L. Glaser and Chaim Kaufmann, "What is the Offense-Defense Balance and Can We Measure It?" International Security, Vol. 22, No. 4, Spring 1998, pp. 44~82

② 参见Steven Van Evera, "Offense, Defense and the Cause of War," International Security, Vol. 22, No. 4, Spring 1998, pp. 5~43; Stephen Biddle, "Rebuilding the Foundation of Offense-Defense Theory," The Journal of Politics, Vol. 63, No. 3, August 2001, pp. 741~774

进行了一定程度上的补充和深化而已。用一句话来解读改进后的攻防平衡理论，同之前已有攻防平衡理论的关系，那就是紧紧抱住攻防平衡理论的体系结构层次主线，着眼于延续攻防平衡理论的主流理论分支和核心观点，并在原有学者理论成果基础上添加层次适切的"补丁"，进行适应新技术革命变化的边际性改进和修正。在整个攻防平衡理论的理论谱系中，经过边际性改进后的攻防平衡理论，更多的是一种对已有攻防平衡理论的继承和发展，同时反映和适应了新的时代技术特征，可以更好地应对新技术革命带来的各种挑战。

4.4.2 改进后攻防平衡理论的解释效力

经过改进后的攻防平衡理论，扩大了攻防平衡理论的解释场域，可以解释国际政治中更多的现象，比如当今立体化战争条件下，包括海空力量在内的各种领域的攻防平衡，也可以同以往着眼于陆地战场的攻防平衡一样，得到攻防平衡理论的有效分析了。针对改进前的攻防平衡理论所没能完全解释，或解释的不够令人满意的历史案例，也可以更好地进行解释，比如发生在世界历史上的一些已经被攻防平衡理论研究过的著名案例，可以得到再次审视，从而进行更有效的分析，得出更加适切信服的结论。对于新技术革命对攻防平衡的可能影响，也可以进行更贴近实际的把握，从而对于分析掌握今后攻防平衡的发展动向特征，以及未来国际体系中战争或冲突爆发的可能性上，能够提出更加有说服力的判断或预测。

经过前面几个章节部分的分析，可以得出这样一种初步结论，那就是通过对攻防平衡理论的边际性改进，以及对于攻防平衡的理论分析，可以判断出在当前的技术发展变革条件下，攻防平衡日益趋向于进攻占优，而传统的理论分析方法，如权力均势理论，或一般意义上的防御性现实主义理论，甚至也包括改进前的攻防平衡理论，往往会得出当下国际体系是防御占优的结论，因而没有较好地适应新技术革命下的新现实情况。改进后的攻防平衡理论，相比较于其他国际关系理论分析方法，特别是改进前的攻防平衡理论，是否更加具有解释效力，是否更好地回应了新技术革命带来的各种挑战，可以通过案例的实际验证，来得到一定程度上的初步比较。这也是进行社会科学研究最常规和标准的研究流程，即理论分析——提出假设——案例验证。然而十分遗憾的是，目前尚且不存在一个发生在当今新时代的一场高科技战争案例[①]。这与其说是一种理论上的遗憾，不如说是一种现实中的幸运，因为攻防平衡理论的理论初衷，就是通过研究攻防平衡与战争之间的可能性关系，来思考如何尽量地避免战争。所幸的是，到目前为止，于当今新的技术条件下，国际体系内还尚未发生比较重大的战争或冲突，特别是发生在力量相近的国家（特别是大国）之间的高新技术战争。或许是由于新技术革命在新世纪，仍处在一个不断深化发展过程之中的过渡时期，世界历史上比较重要的战争案例，几乎都发生于这个时代之前。对于未来是否会发生可以验证攻防平衡理论的战争案例，目前人们还不是很清楚和确定，当然，本书著者也更不希望看到这样的案例最终出现[②]。因而，对于上面经过改进后的攻防平衡理论的理论验证，就不能通过传统的案例验证法，而是要另辟蹊径。本书打算通过以下途径，来间接地验证改进后的攻防平衡理论，看看其是否回应了新技术革命的挑战，适应了变化了的新技术条件。

虽然目前现实中尚且不存在理想的、符合理论假设条件的实际案例，无法直接选取一个发生在如今新的技术条件下，可以验证改进后的攻防平衡理论的国家间冲突乃至战争的实际例子，但是可以在军事历史上已经发生的冲

---

① 进入二十一世纪，特别是新世纪的第二个十年，国际体系内并没有发生国家间，特别的主要大国间的高新技术战争，实际发生的一些局部战争，也多是准国家行为体之间的冲突，即使发生在国家之间的战争，如第二次伊拉克战争，也不是一个完全对等意义上的高新技术战争

② 参见Richard N. Rosecrance and Steven E. Miller, *The Next Great War? The Roots of World War I and the Risk of U.S.-China Conflict*, MIT Press, 2015, pp. 14~15

突或战争的案例中，选取一个在各方面技术发展特征和趋势上，最近似于当今技术变革特征和方向的这样一个案例，从而间接地验证改进后的攻防平衡理论的有效作用。经过对历史上案例的比较选取和反复考虑，本研究决定选取发生在两次世界大战之间，主要以太平洋特别是西太平洋为地理舞台的，美国和日本之间的国家关系，它们两者之间的国家冲突与矛盾，海空军备竞赛，甚至最后走向太平洋战争这一历史案例，来分析由于技术的发展变化，使得攻防平衡趋向于进攻占优时，具体来说，就是技术的发展变化，使得美国和日本的军事力量，特别是海空领域的力量，更加适宜于选取进攻性战略，且进攻战略变得相对更加高效与容易时，对于相关国家即美国和日本之间，发生冲突乃至发生战争的可能性，会带来一种怎样的影响。

选取这个历史案例，有两方面的好处：一方面是由于美日在西太平洋的力量博弈，更主要是海空领域的军备竞赛与力量对抗，因而特别适合验证刚刚在海空领域进行理论场域拓展的攻防平衡理论，试验其在这一新领域的实际解释能力；另一方面，也自然是因为两次世界大战之间技术的发展趋势，其对于军事力量和武器装备的影响方向上，同当今时代新技术革命的技术变化趋势特征上，有着很多的近似之处，因而特别适宜作为一个间接性的历史案例，来验证改进后的攻防平衡理论的理论预设，证明攻防平衡理论的理论价值和改进效果。

第5章 攻防平衡理论与两次大战间
西太平洋的美日关系

5.1 美日海空军备竞赛与太平洋战争的爆发

5.1.1 美日开始交恶（1853~1919）

众所周知，美日关系从一开始，就不是出自一个很愉快的起点。1853年，佩里准将所辖的船队，打破了日本悠然自处的封闭状态，强迫后者签订了一系列不平等条约，试图将日本同其他亚洲地区一样，变成自己的殖民地。日本随后的维新图强，就是在这种背景下展开的，所以说从一开始，日本就是在欧美，特别是美国的西方白人殖民主义的威胁下，奋发成长起来的，而这种对包括自己在内的亚洲黄种人的歧视和压迫，深深印刻在明治时代每个日本人的内心[①]。即便在日本赢得了日清战争和日俄战争的胜利，证明了自身的实力之后，这种情况依然存在，并且还愈演愈烈：1895年的三国干涉还辽的耻辱；大部分居民为日本人的夏威夷岛，在1898年被美国吞并，日侨遭到野蛮驱逐；1905年美国在朴次茅斯议和调停中偏袒俄罗斯的调解行动；1907年以美国为首的西方国家，对日裔侨民的歧视和打压等等。所有这

---

① 参见堅田義明：《日本海軍とアメリカ：パールハーバーへのみち》，東京：日本評論社，2011年，第9~13页

些事件一件件的积淀起来，使得美日之间的关系逐渐恶化。由于担心日本实力的壮大，会威胁自己在远东的殖民利益，再加上内心对于黄色人种的歧视，1907年美国正式将日本视作假想敌[1]。虽然日本对美国的这些行径极其不满，然而鉴于在远东维护英日同盟的战略目的考虑，受制于美国同盟友英国间有着密切的纽带这一事实，日本也不便将矛盾公开摊牌，同时，日本自身实力仍处于脆弱的发展期，也无力正面的开罪美国，然而暗中也已经制定了针对美国的作战计划[2]。实际上从一开始，美日两国在文化背景、种族情感和地缘利益上，就处于一种非常冲突的状态。

　　清帝国的崩溃，一战的爆发，使得日本在远东地区的国际政治局面有所好转。俄国发生了革命，之后也一直处在动荡之中，清帝国留下的东亚大陆四分五裂，欧美列强则在世界大战中遭到内耗，不得不优先于欧洲事务；在一战中，日本站在战胜国的一方，在战争中也积极表现，配合英国盟友进行海外军事行动，还获得了德国在远东和太平洋的一些殖民地，日本在远东的战略空间，变得更加富有余地。此时，日本可以有两种战略选择：一种是模仿英国在历史上的战略，扮演"亚洲英格兰"的角色，对远东地区实行离岸制衡调控，同时和英美保持较友好稳定的关系；另一种是建立自己主导的"黄种人"的势力范围，将远东变成能够自给自足的排他性经济区域，并在其中发挥区域霸权作用，即"亚洲美利坚"的角色。这两种战略选择都面临着难度：首先，苏俄在自身工业化完成后，必然要染指自己已经垂涎多年的远东；其次，英美在远东都有着自己的殖民地和势力范围，不会允许自己的利益被日本"分羹"；最重要的是，无论是美国、英国还是苏俄，即便它们之间暂时有着矛盾，然而内心共同深藏的对于黄种人的歧视，不会允许日本进行任何分享它们利益的行动，因此无论是"亚洲英格兰"，还是"亚洲美利坚"，它们都会搁置白种人国家彼此之间的矛盾，全力对日本

① 参见Gerald Wheeler, *Prelude to Pearl Harbor*, Missouri University Press, 1963, p. 77
② 参见野村實：《日本海軍の歴史》，東京：吉川弘文館，2002年，第32~34页

进行地缘上的阻击。

5.1.2　条约限制时期（1920～1936）

　　尽管如此，日本还是在一战之后，选择了同英美等欧美国家友好相处的稳妥战略。这其中有着三方面的原因：第一，日本国内进入了大正年代，更多西方先进思想和社会思潮，伴随着经济发展和社会进步，使得日本相对更加民主、开放，更加愿意融入战后的国际政治经济秩序；第二，一战的悲剧性结果，使得二三十年代和平、军控、合作以及相关的国际组织建设议题，称为时代的主流，日本自然也不能无视这种时代潮流；第三，尽管在巴黎和会上受到了欧美的打压，然而作为战胜国，日本的自身实力、势力范围以及国家声望，尤其最重要的是，在远东的战略环境，都得到了大大的改善和提高。因此，日本在此时选取了相对正确和稳健的政策路线。

　　其后的十多年时间，也就是被历史学家和各国海军学者，称为"海军假日"的时期，以1922年华盛顿海军条约和1930年伦敦海军条约为体系的一整套海军军控会议以及相关规定，在一定程度上暂时缓解了美日两国的海军竞赛[①]。然而两国间的敌对情绪，并没有大幅度的得到改善：首先，由于美国在华盛顿会议中巧妙地促使英国解除了英日同盟的续签，使得日本失去了长久以来唯一可以依靠的盟友，面临被美英共同孤立的局面；其次，在九国公约中，明确了欧美国家在远东地区的势力和利益，暗中警告日本不要再越雷池一步；之后在1924年，又推行了进一步限制和歧视黄种人的移民法案，引起了日本更大的不满；随后日本在远东的各种行动政策，美国都带动英国等西方诸国，一道进行阻拦和反对。姑且不管这种反对行为是否合理，其背后动机如何，日本都将其解读为对于自身的遏制和干涉，对英美内心的敌对和愤

---

① 参见池田清：《海軍と日本》，東京：中央公論新社，1981年，第87~95页

懑，也与日俱增。

美日之间敌对情绪产生的最关键、最根本的原因，其实更多在于日本帝国从一开始的战略出发点。尽管日本在"海军假日"中选择融入战后国际秩序，同英美等国家进行友好合作的态度，但是这只不过是一种暂时性、权益性的隐忍政策而已。因为日本在西方殖民者叩开其家门的那一天开始，就怀着对于傲慢白人的深深仇恨，并且也深知欧美国家不可能希望看到日本的壮大，于是，从明治维新开始，日本的国家主导战略就是"富国"、"强兵"，巩固发展自身权势，做到不为西方国家所控制和奴役，甚至要将它们逐出远东，改由自身来主导该区域。在这一阶段来临之前，都要暂时利用战后国际体系的有利条件，施行"搭便车"式的过渡政策，尽量发展自身权势。这也是为什么，即使在"海军假日"期间，各国尤其是美国和日本，都在秘密地制定彼此针对对方的作战计划，建造违反条约规定的战舰[①]。美日关系看似进入了一个较为友好合作的局面，然而终归是一种暂时的不稳定的过渡状态，平静的表面下其实危机四伏。

5.1.3　全面军备竞赛（1937～1941）

随着大正年代的结束，日本进入了昭和年代，无论是在国内还是在国际上，局势都发生了几个重大的变化：首先由于二十年代末的世界经济危机，日本的经济社会情况变得恶劣，失业率升高，国民生活水平下降，同时贫富水平差距加大，社会民主发展的不完善，导致的一些政客集团的腐败和官僚主义现象严重，激发了国民，特别是社会中下层的青壮年的不满，民粹主义逐渐抬头；其次是由于明治大正时期的元老重臣，相继离世老去，天皇和国会等机构的权威大大下降，军部和财团的影响力逐渐升高，对外政策目标渐

---

① 参见Gerald Wheeler, *Prelude to Pearl Harbor*, Missouri University Press, 1963, pp. 133~137

渐变得强硬，而国民出于对政客官僚作为风气的不满，也更倾向于支持军部等鹰派的政策；再次是苏联工业化逐渐完成，其实力不断增强，而东亚大陆以蒋介石为首的势力，也正在试图恢复前清帝国的版图，这两个势力一旦成型，将对日本及其在远东的领导地位，造成极大的挑战。因此，日本决定立即在东亚大陆，进行势力范围的拓展。首先要充分开发和利用满洲的工业、矿业和农业潜力，构筑阻滞苏联南下远东的"缓冲区"，之后要在蒋介石试图统一东亚大陆之前，率先予以击溃，同时，还要在东南亚拓展经济政治影响，以弥补本国经济困难和资金来源的不足问题[①]。

这些举动，当然受到了美国的反对和干预，美英等国对蒋介石进行了援助，同苏联也缓和了关系，在远东各个殖民地加强了防务建设和驻屯兵力，形成了对日本的"ABCD包围网"，使得美日关系进一步恶化。日本看到美国的这些举动，决定不再维护现有的国际秩序，公开对英美等国进行对抗，在1935年宣布单方面退出了国际联盟，在1936年更决定不再继续遵守海军军控条约，打破了伦敦海军条约中对自身力量不能超过英美六成的限制规定，秘密地建造了以大和级为首的一系列严重违反海军军控条约的各式军舰。在外交政策上，则同纳粹德国相靠近，加入了德意日组成的三国轴心，同时进一步扩大在远东地区的扩张，在1940年利用法国战败于德国的机会，又派遣军队开入法属印度支那[②]。所有这些举动，都宣示和证明了，日本不再安于做一个战后秩序的维护者，而是一个对现状极度不满，意图挑战现有国际体系的一个修正国家。面对日本日益咄咄逼人的扩张态势，美国当然不会坐视不管，虽然美国的战略优先方向，还是面临德国威胁的欧洲局势，然而对远东太平洋方向的紧张局势，也时刻保持着警惕，面对未来可能到来的冲突，

---

① 参见Michael A. Barnhart, *Japan Prepares for Total War: The Search for Economic Security, 1919-1941*, Cornell University Press, 1987, p. 179

② 参见John Toland, *The Rising Sun: The Decline and Fall of the Japanese Empire, 1936-1945*, Random House, 2014, pp. 66~68

也于各个方面做了相应的准备，其中比较大的有两个举措：一是对日本进行了经济制裁，先是对废旧铁矿石，后来是石油资源，先后组织进行了禁运；二是将太平洋舰队从美国西海岸的母港圣迭戈，前调至夏威夷珍珠港，增强对日本的威慑效果，还加强了殖民地菲律宾的防务部署等等，当然，这些举动也自然引发了日本的进一步愤怒与不满，使得美日之间的局势更加的紧张。

5.1.4 太平洋战争爆发（1941～1945）

从国际关系安全分析理论的视角，来观察太平洋战争爆发前夕的美日关系及其海空军备竞赛，可以看出，这是一种非常典型的安全困境。首先是日本由于国内外各方面的复杂原因，从维护现状的国家，转变为对美国有潜在进攻性的修正国家。美国出于对远东自身殖民地和区域利益的担忧，决定对日本进行经济遏制和军事威慑，然而这种处于防御性考虑的政策，反而损害了，或者说被日本当局认为损害了，日本的安全利益。来自美国的威慑和制裁行为，恰恰证明了对方可能会对自己造成进攻性的威胁，于是会进一步采取进攻扩张性的政策，来保证自己的经济资源获取能力和区域安全利益。这种不断自我加强的、螺旋上升式的冲突升级模式，会使得冲突局势日益严重，使得双方更加难以妥协退让[1]。随后，日本为了避免国内储存的资源耗尽，不得不试图寻求新的资源获取地，对于美、英、法、荷、澳等国的殖民地的侵攻，已然是一种迫在眉睫的战略选择。另一侧的美国，为了恫吓阻止日本的进一步扩张，在外交谈判上也更加固执强硬，从要求日本从法属中南半岛撤军，到从整个东亚大陆，甚至满洲地区撤军，同时还要日本退出德意日三国联盟。将众多谈判议题并联，并且在外交目标上过于紧逼，是外交工

---

① 参见James D. Morrow, "Arms Versus Allies: Trade-Offs in the Search for Security," International Organization, Vol. 47, No. 2, Spring 1993, pp. 207~233

作中的大忌，使得双方的和平谈判，已经变得没有很大的回旋余地。1941年11月26日，美国国务卿赫尔向日本发布了一份类似最后通牒般的极端强硬的外交公告，令日本彻底放弃了一切希望，最后终于决定孤注一掷，鱼死网破[①]。

对于这场灾难性战争的爆发，美国出于自身利益，以及深藏内心的白人种族主义，再加上过于固执强硬的外交态度和蛮横僵硬的对外政策，固然要担负一定的责任。然而这场战争的最大的责任方，某种程度上也是最终毁灭自身的受害方，还是挑战国际秩序，进行区域扩张的日本。上文已经提及，从一开始，日本帝国的改革和奋起，就是怀有浓厚的反西方特征和民粹主义倾向，在帝国规划的长期战略实施过程中，迎合西方各国，利用现有国际政治经济秩序的隐忍举措，都是卧薪尝胆时期暂时的权宜之计，而最终的对抗或清算，则是终将有一天会到来的。当自身实力发展到最终可以跟西方国家相抗衡时，就要立即推翻西方白人殖民者构建的旧世界秩序，建立自己主导的势力范围，作为区域霸权来发挥领导乃至统治黄色人种地区的角色[②]。

除却日本帝国的战略目标和布局十分偏颇与模糊之外，在战略实施的具体时机和方式上，日本在国家战略层面上存在致命失误。由于民粹主义的兴起，以及国内政治结构失衡等诸多原因，使得日本及其国民相信自身已经具备了足够实力，来启动最终对抗阶段的强硬行动，然而实际上日本的自身实力，还远没有达到这种要求。另外，在国内经济发展和政治社会稳定等各方面出现严重问题的时候，天真地认为通过对外扩张，可以促进这些问题的解决。后来在东亚大陆战场陷入战略瓶颈时，更认为退让是软弱的体现，会引

---

① 参见堅田義明：《日本海軍とアメリカ：パールハーバーへのみち》，东京：日本評論社，2011年，第189~191页

② 参见Michael A. Barnhart, *Japan Prepares for Total War: The Search for Economic Security, 1919-1941*, Cornell University Press, 1987, pp. 11~16

发多米诺骨牌效应，从而导致自身进一步的利益损失和权势衰落，不如通过拓展新的战场，以期望能够带来新的转机①。这些后人看起来滑稽可笑的思想和行动，却是历史上各个国家在面对类似困境情况下，非常普遍的政策选择，这也正是历史的悲剧性之所在。

日本帝国近八十年的奋发、崛起、扩张以及最终败亡的历史，美日关系是其中最为重要的一条历史线索，而发生在两国之间的海空军备竞赛，乃至最终一步步走向冲突的历史，则是两国极不和谐关系的集中缩影②。这一历史案例，同样也是应用和检验攻防平衡理论的合适案例。首先，美日海空军备竞赛及其在西太平洋地区的冲突，是更多的要涉及海空领域攻防平衡的研究，这对于检验刚刚经过理论解释场域拓展的攻防平衡理论来说，是一个极为适切的问题。一种可以较好研究和探索海空领域的攻防平衡，将有助于改善现有攻防平衡理论局限于陆地战场领域的问题，提高和扩展攻防平衡理论的解释能力。此外，太平洋战争爆发之前，特别是20世纪二三十年代技术的发展，促使攻防平衡发生了较为明显的变动，这种情况在趋势和特征上，都非常近似于当今时代的新技术革命推动下发生的各种技术变化，因此，这一历史案例，也将会对于间接检验改进后的攻防平衡理论，是否更好地回应了技术革命变化带来的挑战，起到极大的帮助作用。

---

① 参见Jack L. Snyder, *Myths of Empire: Domestic Politics and International Ambition*, Cornell University Press, 1991, pp. 2~7

② 参见John Toland, *The Rising Sun: The Decline and Fall of the Japanese Empire, 1936-1945*, Random House, 2014, p. 57

5.2 西太平洋的地理背景

5.2.1 西太平洋的地理特征

太平洋，特别是西太平洋，是美日发生冲突矛盾和海空军备竞赛，并最终走向战争的主要地理舞台。太平洋幅员辽阔，是世界最大的大洋，幅员南北近16000公里，东西近20000公里，占地球表面积的三分之一以上，是一个非常广阔的地理空间。在太平洋上，一共分布着一万多个大小岛屿，这些岛屿主要分布在西太平洋地区，除却澳洲大陆和新几内亚岛、加里曼丹岛等几个较大岛屿之外，大多数岛屿都属于中小型岛屿，并且多组成群岛存在。相比较东太平洋来说，西太平洋的岛屿、群岛更加众多，地理分布更加分散且破碎，地理环境更加复杂。绝大多数岛屿或群岛的面积普遍不大，甚至有些只是半露于海平面的环礁和暗礁，与此同时，这些不同大小或类型的岛屿，它们的地形和气候、植被等条件，都非常多样复杂，而且很多人迹罕至。西太平洋岛屿分布的一个显著特点是，岛屿和群岛大致呈一种层环形的分布，以国际日期变更线为界，从东往西，依次是突出于南部的南太平洋群岛和波利尼西亚群岛，西南边则是澳大利亚大陆，在中央偏西分散着一个大范围的美拉尼西亚群岛，再往西则是密克罗尼西亚群岛、新几内亚岛、小巽他群岛、摩鹿加群岛等组成的中间岛环，再向内侧则是马来群岛、菲律宾群岛、日本群岛、千岛群岛等组成的更内环，最后最西边是东亚大陆沿岸岛群。西太平洋地区不但地理条件复杂，并且国家地区众多，政治版图犬牙交错，各种势力牵扯其中，再加之西太平洋的各种陆海资源类型，十分丰富多样，使得该地区在历史上一直以来，就是国际政治的热点地区。

5.2.2 地理特征对于攻防平衡的影响

西太平洋是一个地理范围非常广阔的战场，其空间跨越洲际规模，其中虽然分布着大量岛屿，但是岛屿之间距离遥远，存在着大面积的水体阻隔，人类不凭借工具平台，很难自然进行跨越。因此，西太平洋这个地理舞台，是一个主要依赖海空力量，更加严重依赖武器装备或作战平台的一个战场，技术在其中起着更为关键的作用。除了少数几个大的岛屿之外，绝大多数岛屿，其每个岛屿的面积相对狭小，地形气候复杂，非常不利于大规模地面部队的驻守和展开，而只能驻扎数量有限的部队，因而同欧亚大陆上的情况有所不同，地理空间广阔和陆地战场数量优势所能给予防御一方的优势，在西太平洋海空战场可以说微乎其微，甚至可能是一种负担。比如，岛屿与岛屿之间的距离很大，战场空间十分广阔，需要防御的战线绵长，不但对后勤提出了巨大的挑战，也使得防御一方需要防御的正面更大，需要来回进行奔袭，相对更容易被找到和突破防御中的薄弱点。而相对的，进攻的一方只需要在浩瀚的洋面上找到一个薄弱点，对某一个岛屿形成局部优势进行突破，并且凭借西太平洋独特的岛屿分布的层环状结构，一步步呈现跳跃式推进，就可以实现快速的战线推进[①]。而防御方则需分散防御每个关键岛屿，但是这个岛屿很可能会被进攻方跳过，从而遭到与后方本部隔离的结局，而一个关键岛屿的丢失，则会反映在地图上的一大片相邻区域控制权的丧失。综上所述，从各方面来看，西太平洋在地理特征上，是一个相对易攻难守的战场，再加上战场在技术特征上更加倚靠海空力量，因此，西太平洋的攻防平衡是一种相对更加有利于进攻优势的攻防平衡。当然，这种地理特征所影响下的进攻相对占优，只是一种相对有限的影响，最终还是要通过技术的发展

---

① 在太平洋战争的实际历史中，美军事实上就是采用了这种跳岛式的推进进攻方式

变化，来真正予以更大程度上的实现。那么在20世纪二三十年代，即两次世界大战之间的间隔时期，技术发生了哪些变化，使得攻防平衡发生了一些变动呢？

5.3　两次世界大战期间技术的变化

5.3.1　技术的发展变化

两次世界大战期间技术领域发生的最大的变革，就是海空力量，特别是空中力量的成熟和发展。这种技术所带来的新的特点，大大拓展了战争的领域、距离和空间，使得战场更加立体化。与之相应的各种新的武器装备，乃至相配套的新的作战方法的相继出现，使得海空领域攻防平衡的格局，发生了许多新的变化。其中最为重要和突出的一个新技术变革产物，恐怕就是航空母舰与海上航空力量——即舰载航空机的出现了。航空母舰，又称为空母，是一种同以往存在的各种作战舰艇完全不同功能的一种武器装备，它并不是通过自身的火炮、鱼雷等进攻武器，来直接进行作战的一种舰艇，而是利用自身搭载的作战飞机，来提供空中的作战打击或支援。空母发挥着一种类似海上机场的作用，相较以往水面舰艇的锋线平面的对抗，可以为己方军事力量提供相对全面立体的打击能力，是一种能够将海上力量和空中力量有机结合的作战舰艇。由于相较火炮和鱼雷等武器，战机自身的飞行航程，提供了一份额外的攻击射程，因此空母的进攻距离要更大，并可以对敌方目标从空中进行更加有针对性的打击，同时，空母自身的航行能力，又相较固定的陆基机场，为战机的应用作战，提供了更多的灵活机动性。由于这些特性，航空母舰，特别是数艘航空母舰组成的舰队集群，也被形象地称为"机动舰队"或"机动部队"[①]。在一战刚刚结束时，航空母舰还处于一种雏形阶段，但是在短短二十年间里，相关技术水平已经取得了飞速的发展，第二次世界大战前后的一艘空母，平均可以搭载七十到一百架各式舰载机不等，数艘航母组成战斗群来集中使用，则可以集中数百架飞机，形成一种强有力的制海与制空力量，同时还能动态地出现在战场最需要的时机和地点，帮助己方形成局部的力量优势。机动舰队因而成为海空力量中最核心和最关键的宝贵力量，其他主力舰艇则转而担负起防卫机动舰队的角色，这种崭新的舰队编成方法，也就是日后海空一体化作战的雏形。

海空力量一体化作战，以及机动舰队的构建，一方面需要航空母舰自身技术指标的发展成熟，另一方面，也要取决于各式舰载航空机性能的提高。早在第一次世界大战期间，航空飞行器就已经从担负简单的侦查任务，发展过渡到能够搭载简单轻量的武器，来提供一定的空中打击，战争后期也发展出了战斗飞机之间的空战。在两次世界大战间歇期的二十多年时间里，航空机的各项性能指标技术，取得了脱胎换骨般的进步：从一战期间主要由铁木混合材料制作的笨重的老式飞机，发展成全金属制作的，拥有流线型的航空机，且由于全身主要由铝合金制造，其机身更加轻巧，飞行更加自如；从拥有笨重的双重复翼的机体结构，发展到较为简洁的单翼结构，在飞行姿态、旋转半径和灵活度上都大大提高；之前的老式飞机只有固定式起落架，在空中飞行时会悬在机体下侧，增大了飞行的阻力，而可收放式起落架的出现，使得航空机在飞行中的形态更加符合空气动力学的流线形态，飞行速度和航程都成倍加大，而随着发动机技术的进步，螺旋桨式航空机的速度和航程，都大大超过了二三十年前的水平。各种技术指标的进步，使得航空机的作战半径、反应速度、战斗能力、携带弹量，都取得了跨越代际的提高，空中力量已经可以作为一种崭新的独特力量，活跃在各种战场上，而舰载机相关技

---

① 参见外山三郎：《日本海军史》，東京：吉川弘文館，2013年，第67~69页

术的成熟，也使得普通航空机经过改造，可以伴随航空母舰来正常发挥战斗性能，从而保证了海空一体化作战的实现[①]。

此外，英国、美国和日本等海军强国，在发展海空一体化战法的同时，也注重海军陆战队，也就是陆海两栖作战部队的培养，较早地组建了各自的海军陆战队，以适应太平洋战场上可能面临的各种两栖作战任务[②]。与此同时，开始注意到陆军、海军、海军陆战队、海军航空兵和陆基航空兵等各种武装力量之间的有机整合，尝试建立联合指挥机构，以更好地统一指挥调度，而陆海军参谋之间的联席机构也开始组建，以进一步共享作战信息和计划。空军已经作为一个独立的军事力量发挥作用，而分属海军和陆军的航空力量，也开始探索力量的整合和协调机制，所有这些组织结构上的改革调整和优化整合，极大地帮助了各个军种力量间互相配合作战，形成一个有机的整体，一种相对立体化的战场开始展现出雏形。

其次，就是各种以往既有武器装备，在性能上的进一步提高。主力舰中被普遍认为最重要的战列舰，经历了由前无畏级铁甲舰，到无畏级战舰，再到后来的超无畏级战舰的发展过程，随着造船技术、火炮技术、装甲技术、发动机技术的提高，战舰的火炮口径威力越来越大，舰身装甲越来越厚，运行航速越来越快，同时还具备了一定的防空火力。战巡，也就是战列巡洋舰的出现，使得战列舰和巡洋舰之间一直以来存在的过渡性空位，得到了一定程度的填补。战列巡洋舰相当程度上可以兼顾两种舰艇的职责，即主要以进行主力战舰之间决战作用的战列舰，以及主要利用自身高速机动性，来进行海上交通线破袭任务的巡洋舰，某种程度上结合两者的战术功能和战场角色。而巡洋舰和驱逐舰的性能也得到了提高，并且通过搭载航空机，获得了防空、反潜和侦查等新的战斗功能。鱼雷、炸弹等武器威力的提高，也大大

---

① 参见Stephen Pelz, *Race to Pearl Harbor*, Harvard University Press, 1974, pp. 261~270

② 参见Hobart Pasha, "Systems of Offense and Defense in Naval Warfare," Northern Iowa University Dissertation, 1978, pp. 1~18

提高了巡洋舰和驱逐舰的战斗能力，甚至可以依托鱼雷的更大的射程和独特的水下破坏威力，来成功对抗火力装甲大于自身的舰艇。防空火力技术的提高，使得各种舰艇不但可以完成打击敌方的任务，还可以为己方提供更加全面的防护。潜艇在航程、速度以及载弹量和隐蔽性等各项性能上的提高，增大了潜水艇的威胁能力和存活概率，对于全方位的实现立体化海空作战，提供了更多的技术基础。

另外一个非常重要的技术变化，就是在信息和后勤上的技术进步[1]。雷达、声呐、无线电等技术的成熟发展，使得雷达和声呐等探测仪器的探测功率、距离、范围、精度和稳定性，都得到了极大的加强，成为掌握战场信息的一种非常关键并且极为可靠的侦测装置。无线电技术的进一步发展，特别是无线电台的小型化这一技术突破，使得每架航空机上都能配备无线电台，甚至后期还实现了小型雷达的搭载。这些有关通信、侦查等相关信息领域新技术的发展，不但令战场信息的传递和获取，更加及时便捷，还极大地突破了过去以人类肉眼侦察所造成的有限距离和时间限制，使得跨域广阔区域的近乎全天候的作战行动更加可能，再配合以海空力量的高机动立体打击能力，可以说为作战各方提供了极大的优势。密码编译及破译等技术的发展，也是通过获取战场信息情报，来获取战斗胜利的极为关键的技术能力。损管技术和工程兵队伍的进一步发展，可以为己方军事力量提供额外的后勤保障和维修防护，大大有助于提高武器装备和部队的战斗效率和生存能力[2]。

军事综合生产技术的发展，特别是大规模标准化生产线技术的进一步成熟和推广，不但提高了武器装备的生产效率，节约了生产成本，并且由于标

---

[1] 参见Hobart Pasha, "Systems of Offense and Defense in Naval Warfare," Northern Iowa University Dissertation, 1978, pp. 1~18

[2] 参见Jack S. Levy, "The Offensive/Defensive Balance of Military Technology: A Theoretical and Historical Analysis," International Studies Quarterly, Vol. 28, No. 2, June 1984, pp. 219~138

准化生产，武器装备各个零部件的规格功能相对整齐划一，可以实现自由互换，大大降低了武器装备损耗后的维修难度和成本。最为重要的是，由于机器化大生产，对于人类劳动力数量和质量的要求下降，可以解放更多的工人劳力，来投入到战场中。二三十年代女性社会地位的相对提高，并且开始陆续参与生产劳动，更进一步解放了更多的青壮年男性劳动力，从而可以使得各个国家能够在战场上投入更多的部队。由于海空军事力量对武器装备或作战平台更加依赖，同时又对其技术性能更加关注和敏感，因此，工业生产层面的技术进步，无疑会对海空领域军事力量产生更为深远的影响。但另一方面也应该看到，海空领域的军事对抗，相比较陆地战场来说，由于更依赖和强调武器装备及其技术性能，大规模不具备相应知识技术的一般兵源人口，对一个国家海空力量的实力壮大来说，在意义上相对有限，并不能提供像陆地战场那样明显的加成优势。

5.3.2 技术发展对攻防平衡的影响

两次世界大战期间的近二十余年来，各项技术的变革与发展，对西太平洋地区的攻防平衡，特别是海空力量领域的攻防平衡，产生了许多巨大的影响。以空母机动舰队为代表的海空一体化作战，使得西太平洋将会发生的海空战争，从以往主力舰之间相对平面上的一种对抗，变成为一种初具立体特征的全方位战场，战况变得比以往更加激烈和残酷，在时间上也会更加短促。在主力舰对抗的时代，由于人眼侦查的局限性和火炮射程的相对有限性，双方舰队要想寻找、捕捉并打击彼此的主力舰队，需要耗费大量的时间。即使在进入最终的舰队决战阶段，双方的炮战也往往会进行相当长的时间，才能有效地分出胜负[①]。然而以航空母舰为核心力量的新型机动舰队之间

---

① 参见Hobart Pasha, "Systems of Offense and Defense in Naval Warfare," Northern Iowa University Dissertation, 1978, pp. 1~18

的对战，在进程上则要相对加快许多。由舰载侦察机进行的远距离大范围的侦查，可以帮助更快地发现对方舰队的行踪与动向，也会让双方做出反应的时间缩短。各式舰载机以更远的攻击距离和更快的飞行速度，使得两只舰队之间互相攻击的行动，可能发生在人眼和炮弹最远距离之外的上空，并且这种对决是异常激烈的，因为各式舰载机所发动的更加立体精准的打击，会极大地提高对彼此造成的伤害和打击效果，而海空军事力量对以航空母舰为首的作战平台的依赖性非常高，一旦发生损失，将很难有效地进行补充，也更难以正常地将作战持续进行下去。因此，这种崭新类型的海空对战，将更快地分出胜负，并且这一结果将更加具有决定性作用，在这种新型战争中，积极有效地取得先机的一方，将占有相对更大的优势，因此，这是一种鼓励积极进攻的新的战争形态和作战方式，一定程度上会促使海空领域的攻防平衡向进攻相对占优的一侧移动。

根据前面章节对于影响攻防平衡的技术因素的相关分析，可以用来深入剖析技术在机动性、射程、火力、精确度、防护、后勤、通信、侦查以及脆弱度等具体层面的发展与变化，从而观察攻防平衡相应所发生的可能性变化情况。

首先，在机动性和射程方面，航空母舰和舰载航空机技术的发展成熟，使得进攻一方的机动性和有效攻击距离大大提高。这里可以利用日本海军的装备性能数据，来做一个简单的例子对比：大和级战列舰是当时海军舰艇中火炮射击距离最远的，可以达到42公里，同时大和武藏的最大航速为31节；相比较之下，翔鹤级航空母舰并不是日本海军最先进的航空母舰，在世界各国海军中也是处于平均指标的航空母舰，然而其舰载机的最大攻击距离分别为零战二一型3350公里，九七舰攻1076公里，九九舰爆1472公里，而翔鹤瑞鹤自身的最大航速为34.2节[①]。从这一对比中可以看出，机动舰队相较于

---

① 相关装备数据，皆来自御田俊一：《帝国海军は なぜ敗れたか》，東京：芙蓉书房出版，2000年，散见于第二、三、四章节

传统常规舰队，在射程和机动性上享有巨大优势，而海空力量两者机动性力量的加乘效果，使得机动舰队成为一种超远射程、灵活反应、机动部署的高机动性部队，能够更有效地发动致命的攻击行动，而根据前面章节的讨论，可以知道，机动性和射程层面技术的发展，是相对更加有利于进攻那一方的。

其次，在火力及其精度方面，各式舰载航空机从空中进行的多角度和高速度的攻击，也变相提高了攻击方的有效火力及其精确程度，使得攻击行动更加高效。除了空中力量攻击效能的提高之外，以主力舰为首的各式海军舰艇的火炮口径的增大，炮弹火药技术的进步，使得它们的有效炮击射程、射击精度以及穿透爆破效力，同样分别得到了极大的增强。巡洋舰和驱逐舰等中小型辅助舰艇的破交能力，还有潜水艇的隐蔽式突然袭击能力，也更加高效率与高伤害，这些旨在破袭对方海上交通线与关键性目标的能力，会极大地削弱被打击一方的持续性防御能力。这里非常值得一提的，就是鱼雷技术的突破性进展。譬如日本海军发明并使用的93式酸素鱼雷，就是同时期最先进的鱼雷，其最大攻击距离可达20公里，弹药量500g，是以往鱼雷含药量的两倍，射程的三倍，再加上氧气推进燃烧产生的是水汽，因而不会产生特别明显的雷迹，因而具有前所未有的高隐蔽性和高效杀伤力[①]。所有这些火力及精度相关层面技术的发展，都会给予进攻一方相对更大的优势。

当然，在其他许多技术层面，攻防各方都能随着技术发展而得到极大帮助。由于工业制造技术的发展，各种作战舰只的马力和吨位都得到了加大，装甲防护和损管保障技术也得到了增强，从而大大提高了舰艇自身的防御力与存活机会，从而在防护技术层面，对攻防双方都提供了更大的利得。同样取得进步的还有雷达、无线电等侦查通信技术的发展，为各方更好地把握战场信息，统一指挥调度陆海空军事力量，提供了更多的技术便

---

① 参见御田俊一：《帝国海軍は なぜ敗れたか》，東京：芙蓉书房出版，2000年，第154页

捷。然而也要看到，由于海空战场在空间上的广阔性，以及海空军事力量对于武器装备或作战平台的根本性依赖，自然会给各国的后勤保障，造成更大的压力，从而相对的不利于防御。另外一个值得注意的关键性层面，就是有关脆弱性层面的技术变化。密码破译技术水平的发展和提高，不但对于获取对方重要军事情报，争取战场的主动权来说至关重要，还由于各个国家的指挥作战，对于密码系统的高度依赖性，使得一方在面对敌方的密码破译工作时，会更为易受攻击和脆弱，还需要花费更多的资源与精力，去进行加密制定、保密工作、密保传送与接收、启动备用方案等各项防护工作，而进攻一方所耗费的相对成本则要更少，因而是一种特别有利于主动进攻一方的信息情报技术。

　　综合上面各个层面的讨论，可以初步得出这样一个结论，在两次世界大战期间，技术的发展变化，使得海空领域的攻防平衡，在大体上呈现一种相对的进攻占优的趋势特征。如果再结合海空领域军事力量的自身特点，以及西太平洋地理因素的共同影响作用下，则更能明显地观察到，在两次世界大战间歇期的西太平洋海空领域的攻防平衡，是一种进攻相对占据优势的攻防平衡态势，而且这种倾向于进攻有利的趋势，还随着时间的推移，技术的更深入的变革，而不断地得到加强。因而，该地区主要大国，特别是海空力量大国之间的关系，会较为冲突和紧张，海空军备竞赛会十分激烈，安全困境问题比较严重，最关键的是，战争爆发的可能性也会相对升高。随后发生在西太平洋地区美日之间的历史，以及太平洋战争的最终爆发，可以说相当程度上证明了攻防平衡理论的这一理论假设。

5.4 攻防平衡理论的解释效力

5.4.1 既有的一些理论解释

太平洋战争既是日本帝国及其国民的悲剧，更是人类历史上的悲剧。对于这一灾难性战争爆发的原因，无数的历史学家和国际关系学者，分别从多个不同的角度，进行过解释和分析，试图理解这一悲剧背后的深层动因，其中比较有典型特点的几种既有的理论解释，分别有如下这些：

第一种理论解释是利用政治经济学角度，来分析日本帝国走向战争的原因。这种理论认为是二十年代末的世界经济危机，导致了战争的爆发[①]。全球性经济危机，使得世界各国的贸易保护主义思潮抬头，对海外资源极其依赖的日本，在国际贸易运行不畅的情况下，只得转而寻求自给自足的经济势力范围，以解决国内的资源紧缺问题。经济崩溃，物价飞涨，国内贫富差距加大，失业人口增多，各类社会矛盾凸显，这些都会导致极端民族主义乃至民粹主义的盛行。扩张性战争则既可以在经济上摆脱现有困境，也可以顺道缓释社会矛盾，创造为国民表达不满的一种对外的投射口，可以说是一种一石二鸟的手段，因而日本在其后挑战现有国际秩序，并最终发动太平洋战争，也就顺理成章了。

第二种解释也是学界非常主流的研究路径，即从分析国内政治因素角

---

① 参见Michael A. Barnhart, *Japan Prepares for Total War: The Search for Economic Security, 1919-1941*, Cornell University Press, 1987, pp. 5~7

度，来揭示太平洋战争爆发的原因[①]。这种理论认为军部要在酝酿和发动太平洋战争的过程中，承担最主要的责任。日本帝国从明治维新开始，由于受到外部西方殖民主义的奴役威胁，迫切需要在短时间内富国强兵，因此效仿采用了普鲁士的军国主义体制，陆海军部及其参谋机构的权柄很大。在明治天皇和元老重臣的强硬铁腕和政治威权之下，天皇加上内阁的力量，能够同军部和参谋机构的力量，实现较好的平衡，从而帮助日本迅速实现了脱亚入欧的维新自强任务。然而昭和天皇同其祖父明治天皇不同，是一位个性优柔寡断的天皇，再加之受到老师西园寺公望的影响，更加偏好于做一名英国式的"立宪君主"，即更多的只是承担象征性君主职责，不过多地干预政治。不幸的是，日本并不是英国，在天皇的不作为下，随着元老重臣的相继故去，帝国原有的政治天平发生了失衡，势力强大的军部及其参谋机构，原本是可以更好地服务于帝国政府战略实施的猎犬，但是现在，帝国天皇和内阁都遭到了军部这头脱缰狂犬的"反噬"。军部及其相关机构在组织力量上不断膨胀自身，最终彻底架空了内阁和政府，绑架了天皇和国民，牵动整个国家走上了军国主义扩张性战争的不归之路。

　　前两种理论解释，显然是较为普遍和常见的一些理论解释，对于战争原因的剖析也非常泛化和皮相。杰克·斯奈德提出的"帝国迷思"解释路径[②]，要更加具有一定的独创性。斯奈德认为，日本的年轻一代军官，尤其是参谋机构的军官，出于自身价值认知体系上的偏狭，再加上自身所处官僚机构组织利益的驱使，逐渐形成了一种对于战略格局的错误认知。其他国内政治力量，如内阁和财阀等，在一开始想要利用这些青年参谋军官的鼓动宣传，来争取更多政治势力，特别是广大国民的支持，从而在国内政治力量的博弈中

---

① 参见Jack L. Snyder, *Myths of Empire: Domestic Politics and International Ambition*, Cornell University Press, 1991, pp. 143~152

② 在Jack L. Snyder, *Myths of Empire: Domestic Politics and International Ambition*, Cornell University Press, 1991第四章节中，斯奈德对于日本帝国的分析表述，尤为精彩和具有启发性价值

获利。然而之后的发展，就不再受到各方的主观控制了，所有人都反而将自身陷入这种错误认知或迷思中，身处一种进退失据的尴尬境地，如果展现出退缩和妥协的态度，就会失去政治前途，并且背上背叛者的烙印，整个帝国的政策目标，也开始陷入一种战略迷失状态，在浑浑噩噩的状态下，走向了最终毁灭自身的战争，而在整个过程中，所有政治力量都是彼此的绑架者，帝国内所有人都是帝国迷思的囚徒。

同斯奈德不同，资深日本史研究者约翰·托兰，则主要从外交政策分析的角度，来解释美日两国走向战争的历史原因。托兰认为，由于美日两国在战略诉求、文化背景上的差距与隔阂过大，因而都没能去耐心、仔细和准确地了解对方的战略意图，在具体外交谈判上，也处理得不够合理，错失了许多本可以达成和解的宝贵历史机遇①。美国出于自身的根植于种族和文化上的傲慢，没能试图去理解日本在远东的战略初衷和利益诉求，在外交政策上过于缺乏灵活性，日本则是由于国内政治的特殊体制掣肘，无法制定一种集中且明晰的有效政策目标，又同样不愿做出让步与妥协。当两个十分固执的国家，都在施行一种非常僵化刻板的外交原则时，那么美日两国之间的冲突，自然就不会得到很妥善的解决，最终的战争悲剧，也就很难得以避免了。

5.4.2　改进前后的攻防平衡理论的新解释

除了上面谈及的一些理论解释之外，通过分析权势分布结构、地缘政治格局以及国家联盟特征等各种不同路径的国际关系理论，也对美日之间的冲突关系，乃至最终走向战争的原因，进行了各有侧重的分析②。那么攻防平衡理论在分析解释太平洋战争爆发的原因上，具有怎样的解释效力呢？

---

① 参见John Toland, *The Rising Sun: The Decline and Fall of the Japanese Empire, 1936-1945*, Random House, 2014, pp. 154~160

② 参见Paul M. Kennedy, *The Rise and Fall of the Great Powers*, Vintage, 1989, pp. 333~346

应该说，在经过修正改进前的攻防平衡理论，并不能很好地解释西太平洋的美日冲突。这一方面，是由于既有的攻防平衡理论，局限于研究陆地军事力量的攻防平衡，而地面战场相对平面单一化的战场技术特征，决定了在当时的传统战争条件下，在陆地军事力量的攻防平衡上，防御相对占据更大的优势[①]。由于未能认识到在单纯地面战场和海空立体战场中，攻防平衡的各自具体的态势特征，可能会各自有所不同，这就导致攻防平衡理论虽然可以很好地解释东亚大陆和欧洲大陆陆地战场的攻防平衡情况，并得出防御相对占优的正确结论，但是却并没能够正确地分析出西太平洋海空力量间的攻防平衡，实际上是一种相对进攻占优的局面。另一方面，由于原有的攻防平衡理论，在分析影响攻防平衡的具体技术因素层面时，对技术因素的分析考察，存在一定的局限性，比如没能考虑到在技术发展变革的条件下，射程、精准度等这些有效的技术层面要素，因而会得出西太平洋地区的攻防平衡，是一种防御占优的不太准确的结论。基于以上两方面的原因，修正前的攻防平衡理论，也并不能很好地解释太平洋战争的爆发原因。

随着本研究初步尝试进行的对攻防平衡理论的一些边际性的改进，经过修正完善后的攻防平衡理论，就可以更好地解释这一历史案例了。首先，认识到海空领域的攻防平衡研究的必要性，将攻防平衡理论的分析解释场域，拓展到包括海空力量为主的全方位立体的攻防平衡上来，从而，拓展后的攻防平衡理论就能够正确地认识到，在西太平洋独特的地理因素，以及美日海空力量的技术因素发展变化的共同作用下，攻防平衡在西太平洋的海空领域，呈现出一种相对进攻占优的特征，而这种特征，同单纯分析欧亚大陆上那种陆地平面领域的攻防平衡，在特征上会有所不同，得出的结论也自然会大相径庭。

同时，通过对攻防平衡影响因素的边际性修正，攻防平衡理论重新诠释

---

① 当时的世界各国，也的确普遍认为国际体系上的攻防平衡态势，是一种相对防御占优的情况

了机动性、火力等原有的技术层面要素，并且引入了一些包括射程、精准度在内的许多新的技术要素，还注意审视了地理等原有因素，在变化了的新的技术条件下，所产生的新的影响和意义，从而完善了攻防平衡理论的分析框架，使得经过修正后的攻防平衡理论，可以更加准确地认识和把握到，在两次世界大战期间变化了的技术条件下，攻防平衡的实际变动特征。改进后的攻防平衡理论认为，西太平洋海空力量之间的攻防平衡，是一种相对进攻占优的攻防平衡。在这种攻防平衡背景下，国家会更多被鼓励采取进攻性的政策和目标，安全困境和国家间的冲突程度，都会在某种程度上更加严重，这一地区内发生战争的概率，也会大幅度上升[①]。通过这一系列分析和结论，攻防平衡理论在经过边际性改进之后，就可以很好地解释太平洋战争爆发的原因。

　　根据修正后的攻防平衡理论，太平洋战争爆发的一个关键性原因，就是当时的攻防平衡，特别是海空领域的攻防平衡，在很大程度上是一种进攻占优，而美日两国又分别采取了进攻性的战略目标和政策，最终导致这一悲剧性战争的爆发。通过分析两次世界大战期间，美日在西太平洋的冲突关系及其海空军备竞赛，并最终走向全面战争的这一历史案例，既验证了攻防平衡理论在经过改进和修正后的有效的理论解释效力，也从侧面间接论证了本作研究对于攻防平衡理论进行的边际性改进的有效性。

---

① 　参见Stephen Pelz, *Race to Pearl Harbor*, Harvard University Press, 1974, pp. 301~302

第6章 结论与思考

6.1 有关攻防平衡理论的思考

本书在前面的各个章节部分，分别论述了攻防平衡理论的理论框架，阐述了攻防平衡理论的核心概念，回顾了攻防平衡理论的发展历程，辨析了攻防平衡理论的分类流派，并探究了攻防平衡理论面对的一些批评和质疑，以及该理论自身对这些批评与质疑的回应，经过对理论自身的整体把握，从而能够发现并指出攻防平衡理论需要进行的一些边际性改进。本作尝试对攻防平衡理论做出的边际性改进，一方面包括适当拓展了攻防平衡理论的解释场域，扩大了攻防平衡理论能够解释和应用的范围，另一方面在对于攻防平衡的分析中，引入了一些新的技术层面因素，在保持攻防平衡理论结构层次不受影响的大前提下，增大了攻防平衡理论的解释效力。通过对攻防平衡理论进行的边际性的调整改进，使得攻防平衡理论得到了进一步的更新与完善，能够更好地回应新技术革命推动下变化了的新条件下的各种挑战，理论解释能力和理论应用价值，都得到了一定程度上的提高。

随后，又通过历史案例分析，间接地验证了修正改进后的攻防平衡理论的解释效力。经过对理论的改进与完善，攻防平衡理论面对新技术革命的挑战时，如何根据变化了的时代技术条件，以及变化了的战争形态特征，分析变化了的攻防平衡情况，即攻防平衡理论所显示出的与时俱进的适应性。

同时，在解释未来可能发生的冲突纷争，以及历史上一些攻防平衡变化特征非常近似的案例时，攻防平衡理论所展现出来的，相较其他理论以及改进前的攻防平衡理论的，相对更加适切有效的解释能力。这种解释能力，如果可以应对新时代技术的发展变化要求，实现了攻防平衡理论自身的不断更新的话，本研究也就在一定程度上，达到了自己预期要达到的一种较为适度有限的理论目标。

本书在完成中所面临的最大的一个困难，就是在如何用国际政治现实，来验证改进后的攻防平衡理论这一点上，不具备一个现成的、直观的、已经实际存在的绝对理想历史案例。由于在新时代的高精尖技术战争条件下，尚未发生一个严格意义上来说，符合理论假设背景的战争实例，因而很难进行直接的案例验证。没有直接的现实案例，这对于人类来说是一个幸事，也是攻防平衡理论所要达到的最终的理论研究目的。然而，对于本书研究者来说，不能不说这是一个十分不利的客观情况。本作不得不退而求其次，寻求一种间接曲线式的案例论证方式。当然，应该清楚地认识到，这种较为非常规的论证方式，以及选取案例的方法，可能会带来一些争议，并极有可能会成为本书研究存在的遗憾点之一。除此之外，由于在研究时间、深度、广度上的有限，相关资料的入手难度，以及最关键的就是，研究者自身知识能力、理论实力、研究水平的有限，本研究必然会存在一些这样或那样的局限和不足。作为一种对于攻防平衡理论，近乎抛砖引玉般的研究，研究者真挚呼唤学界日后对于攻防平衡理论的持续关注，期待后续更好的研究持续跟进，以实现对本作研究所分析内容和结论的更进一步深入的考察和验证。

6.2 攻防平衡理论未来的发展潜力空间

经过本书粗浅初步的研究，可以很明显地得到这样一种感观，那就是攻防平衡理论是一个能够不断与时俱进的有效理论，伴随着新的技术革命下技术环境条件的变化，可以相应地做出调整，不断可以得到自身更新、发展与完善。本作的研究基础，正是基于攻防平衡理论的这一理论特质，而研究所得出的初步结论，也在一定程度上证明了攻防平衡理论这种与时俱进的突出的理论价值。因此，攻防平衡理论这种独具自身特色的国际关系理论，有着巨大的理论发展潜力，在将来也将有着极为充分的发展潜力空间。攻防平衡理论的应用范围，目前已然非常广泛，可以解释国际关系中的很多国际政治现象，在今后一段时间内，在经过学界进一步的研究和补充完善之后，相信一定能够解决国际政治中更多领域的问题。

目前绝大多数的国际关系理论，主要还是在20世纪形成的大的理论框架下进行的一些分析讨论，仍然主要局限于研究主权国家行为主体之间，尤其是大国之间的互动，研究安全和权力等传统议题，而在新世纪新的历史时期，国际政治产生了众多新的议题，其中有一些是非传统安全威胁的问题，比如面对伊斯兰恐怖主义、跨国流窜犯罪势力等问题；其中有一些是在主权国家之内产生的新问题，比如研究国内政治组织集团、族群派系冲突等问题；还有一些是独立于主权国家之外的其他国际政治行为体，比如跨国公司企业、国际非政府组织等，它们之间的关系，也涉及许多有关冲突与合作方面的问题[①]。这些在不

---

① 参见Scott F. Creamer, "Assessing Offense-Defense Theory: A Structural Explanation for Intrastate War and Ethnic Conflict," Connecticut University Dissertation, 2009, pp. 157~168; Richard K. Betts, "The Soft Underbelly of American Primacy: Tactical Advantages of Terror," Political Science Quarterly, Vol. 117, No. 1, Spring 2002, pp. 19~36

远的将来，也同样需要攻防平衡理论，予以更多的关注与讨论，使得理论自身不断得到完善，从而能够在更多领域，解释国际政治相关的各种现象与问题。

出于本书研究的篇幅限制，更为关键和重要的是，基于研究者的理论研究水平的不足和局限，完成这样一个宏大的任务，显然是不自量力的。本书研究者自己也深深地认识到了这一点，因而寄希望于今后的国际关系学界，对于攻防平衡理论的后续跟进研究，从而能够更好地研究和解决这些遗留的前瞻性问题。攻防平衡理论是具有巨大发展空间和与时俱进理论特性的国际关系理论，相信这一理论的自身价值，能够在今后不断的关注和持续的研究中，得到更多的证明和挖掘，不断被更好地补充与完善。

6.3　改进完善攻防平衡理论的学科发展意义

对攻防平衡理论进行修正与完善，不但对于该理论自身的丰富和发展，提高理论的有效解释范围，增强理论的解释效力，有着重要的理论研究意义。从更大的范围上来看，深入性地完善攻防平衡理论，对于今后国际关系学科理论研究的进一步发展，也有着重要的学科发展意义。攻防平衡理论作为一种极富理论价值的中层理论，对于今后国际关系中层理论的进一步发展，具有很大的引领和示范意义。

随着20世纪末期，国际关系理论主要大的分析范式，逐渐成熟稳定，国际关系学科无论是在国内还是国外，都没有再产生新的"大理论"。国外国际关系学界，尤其主要是美国国际关系学界，已经放弃了所谓"大理论"的构建，而是扎扎实实去开展中层理论，乃至具体问题的研究，不断向下深入，逐渐开始转而完善这些具体层次的理论探究。国际关系理论研究在方向和侧重上的变化，已经成为当今乃至今后一段时间内，国际关系学科发展的一个主要和明显的趋势。这也就是说，国际关系理论的三个研究分布层次，从20世纪原来的：

体系
↓
单元
↓
个人

表2-1 国际关系理论原有的三个研究层次

这三种层次的国际关系理论，逐渐演变为一种新的国际关系理论谱系：

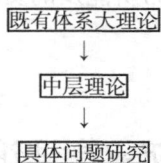

既有体系大理论
↓
中层理论
↓
具体问题研究

表2-2 国际关系理论新的三个研究层次

可以看出，原来的单元乃至个人层次的研究，现在都可以归类为研究具体领域、具体区域甚至具体问题的研究，而原有体系与单元层次之间的连接过渡部分，则属于中层理论研究的主要范畴。中层理论依然是一种结构理论，只不过它的主要考察要素位于两个层次之间，起到链接两个上下研究层次的重要作用。中层理论是主要立足于研究体系层次的国际关系理论，但是又从属于位于其上的体系层次的大理论，是依托大理论的基础研究框架，来研究国际政治具体问题的一种国际关系理论。同时，中层理论又高于单元层次理论，同针对具体特定问题的研究，又有所不同，是可以研究和解释多种国际政治问题的一种具有泛用价值的国际关系理论。

攻防平衡理论不应是一种简单的体系结构性大理论，更不应是一种杂糅的单元层次理论，而应当是一种有效的中层理论，其结构要素融跨两个层次之间，连接解释两个层次内的各种理论，其各自单独所不能解决的一些问题。国际关系学界比较有名的几种国际关系理论，比如说地缘政治理论、战略威慑理论、权势均衡理论，等等，这些理论都某种程度上来说同属于中层理论，并且都跟攻防平衡理论一样，是立足于现实主义大理论框架下的中层理论。当前国际关系学科最需要进行的工作，应当是扎实做好这些中层理论，并且实现多种中层理论的交流与互补，共同来构成国际关系问题与现象的理论解释体系。因此要将攻防平衡理论定位为中层理论中的一个优秀范例，来不断对其进行发展和完善，对于攻防平衡理论的研究探讨工作，也要更加具体与深入，同时注意同其他中层理论一道，互相补充，互相配合，以更好地从各种角度分析、解释国际政治中的基本问题，共同为推动国际关系理论学科的整体发展，做出一些力所能及的贡献。

6.4 改进完善攻防平衡理论的现实启示意义

改进完善后的攻防平衡理论，除却具有学科谱系上的理论研究发展意义之外，还对于当今国际体系中的各个国家来说，具有非常实际性的现实启示意义。攻防平衡理论能够提供一个前所未有的全新视角，从而帮助各个国家更好地理解现有国际体系内攻防平衡的实际状态，以及冲突与战争的风险高低程度，这些都与它们自身的安全和国际体系的和平缔造息息相关，因而是很有战略政策针对性和现实性启发意义的一种国际关系理论。

国际体系内趋向于进攻占优，也就是说，在新技术革命推动下，当今时代新的技术条件和战争特点，预示了攻防平衡在总体上更加有利于进攻的趋势，但是这并不足以让各个国家得出完全悲观的结论，因为避免战争和冲突，依然十分具有希望与可能。这当然同样也要求助于攻防平衡理论。在对攻防平衡理论的分析和讨论中，特别是在杰维斯描述的第三个平行世界中，国家可以有着更多的战略目标和政策行动上的选择性自由，通过制定合理的战略和政策，可以更好地向对方展示防御的属性和意图，从而最大程度上的来避免冲突和战争。当体系内几乎绝大多数国家，都采用相对防御的战略目标的情况下，战争的概率依然也会大大下降，和平的可能性同样会大大提高①。

攻防平衡理论并不是一种攻防平衡的决定论，认为进攻占优或防御占优，一定会导致战争或和平，攻防平衡理论讨论的其实是，攻防平衡同战争与和平可能性之间的关系问题。在影响国家间战争与和平问题的众多复杂因素中，攻防平衡只是其中的一个影响和推动因素，国家的战略目标选择，同攻防平衡一样，具有一定的影响作用。在当今攻防平衡呈现一种进攻占优的结构性背景下，各个国家的战略选择，显然对于避免冲突或战争，愈发具有非常重要的意义。

攻防平衡呈现出一种进攻占优，一定程度上会导致冲突或战争的可能性升高，国家间的关系会变得相对更加紧张，但是国家间的关系，有时很大程度上也取决于国家的战略目标选择上：如果一个国家执意修正国际体系现状，那么即使攻防平衡呈现出一种防御占优，它也很可能会强行发动战争；如果一个国家并不打算修正国际体系现状，而只是倾向于维护现有国际秩序，安心从事经济发展和民生福祉等发展目标的话，即便攻防平衡是一种进攻占优，它也未必就会发动战争。既然第一次世界大战之前，各个国家可以抗拒防御占优的诱惑，坚持固执己见的施行"进攻崇拜"，那么反之，在当今这个新的时代，各国为什么不可以抗拒进攻占优的诱惑，施行一种"防守崇拜"呢？②这或许也就是攻防平衡理论对于各个国家战略目标的选择，所能够提供的一种启发性意义之所在吧。

---

① 参见Robert L. Jervis, "Cooperation Under the Security Dilemma," World Politics, Vol. 63, No. 3, January 1978, pp. 167~214

② 参见Richard K. Betts, "Must War Find a Way? A Review Essay," International Security, Vol. 24, No. 2, Fall 1999, pp. 166~198

参考文献

1.英文著作：

[1]Andreski, Stanislav, *Military Organization and Society*, California University Press, 1968

[2]Art, Robert J. and Kenneth N. Waltz, *The Use of Force: Military Power and International Politics*, Rowman & Littlefield, 2004

[3]Barnhart, Michael A., *Japan Prepares for Total War: The Search for Economic Security, 1919-1941*, Cornell University Press, 1987

[4]Brodie, Bernard, *Strategy in the Missile Age*, Princeton University Press, 1959

[5]Brown, Michael E., Owen R. Coté, Jr., Sean M. Lynn-Jones and Steven E. Miller, *Offense, Defense and War*, MIT Press, 2004

[6]Clausewitz, Carl von, *On War*, edited and translated by Michael Howard and Peter Paret, Princeton University Press, 1989

[7]Gilpin, Robert, *War and Change in World Politics*, Cambridge University Press, 1981

[8]Glaser, Charles L. and Chaim Kaufmann, *Rational Theory of International Politics: The Logic of Competition and Cooperation*, Princeton University Press, 2010

[9]Gray, Colin S., *Weapons Don't Make War: Politics, Strategy, and Military Technology*, Kansas University Press, 1993

[10]Jervis, Robert L., *Perception and Misperception in International Politics*, Princeton University Press, 1976

[11]Jervis, Robert L. and Jack L. Snyder, *Dominoes and Bandwagons: Strategic Beliefs and Great Power Competition in the Eurasian Rimland*, Oxford University Press, 1991

[12]Kennedy, Paul M., *The Rise and Fall of the Great Powers*, Vintage, 1989

[13]Knorr, Klaus, *Historical Dimensions of National Security Problems*, Kansas University Press, 1976

[14]Lieber, Keir A., *War and the Engineers: The Primacy of Politics over Technology*, Cornell University Press, 2005

[15]Mearsheimer, John J., *The Tragedy of Great Power Politics*, W. W. Norton, 2003

[16]Modelski, George and William R. Thompson, *Seapower in Global Politics, 1494-1983*, Washington University Press, 1987

[17]Morgenthau, Hans J., *Politics Among Nations: The Struggle for Power and Peace*, McGraw-Hill, 1993

[18]Pastor, Robert A., *A Century's Journey: How the Great Powers Shape the World*, Basic Books, 1999

[19]Paul, T. V., *Asymmetric Conflicts: War Initiation by Weaker Powers*, Cambridge University Press, 1984

[20]Pelz, Stephen, *Race to Pearl Harbor*, Harvard University Press, 1974

[21]Posen, Barry R., *The Sources of Military Doctrine*, Cornell University Press, 1984

[22]Quester, George H., *Offense and Defense in the International System*, John Wiley and Sons, 1977

[23]Rosecrance, Richard N. and Steven E. Miller, *The Next Great War? The Roots*

of World War I and the Risk of U.S.-China Conflict, MIT Press, 2015

[24]Schelling, Thomas C., *Arms and Influence*, Yale University Press, 1966

[25]Schelling, Thomas C., *The Strategy of Conflict*, Harvard University Press, 1976

[26]Schelling, Thomas C. and Morton H. Halperin, *Strategy and Arms Control*, Twentieth Century Fund, 1961

[27]Snyder, Jack L., *Myths of Empire: Domestic Politics and International Ambition*, Cornell University Press, 1991

[28]Snyder, Jack L., *The Ideology of the Offensive: Military Decision Making and the Disasters of 1914*, Cornell University Press, 1989

[29]Toland, John, *The Rising Sun: The Decline and Fall of the Japanese Empire, 1936-1945*, Random House, 2014

[30]Van Evera, Steven, *Causes of War: Power and the Roots of Conflict*, Cornell University Press, 1999

[31]Walt, Stephen M., *The Origins of Alliance*, Cornell University Press, 1990

[32]Waltz, Kenneth N., *Theory of International Politics*, McGraw-Hill, 1979

[33]Wheeler, Gerald, *Prelude to Pearl Harbor*, Missouri University Press, 1963

[34]Wolfers, Arnold, *Discord and Collaboration*, John Hopkins Press, 1962

[35]Wright, Quincy, *A Study of War*, Chicago University Press, 1965

2. 英文文章:

[1]Adams, Karen Ruth, "Attack and Conquer? International Anarchy and the Offense-Defense-Deterrence Balance," International Security, Vol. 28, No. 3, Winter 2003, pp. 45~83

[2]Anderton, Charles H., "Toward a Mathematical Theory of the Offensive/ Defensive Balance," International Studies Quarterly, Vol. 36, No. 1, March 1992, pp.75~99

[3]Betts, Richard K., "Must War Find a Way? A Review Essay," International

Security, Vol. 24, No. 2, Fall 1999, pp. 166~198

[4]Betts, Richard K., "The Soft Underbelly of American Primacy: Tactical Advantages of Terror," Political Science Quarterly, Vol. 117, No. 1, Spring 2002, pp. 19~36

[5]Biddle, Stephen, "Offense, Defense, and the End of the Cold War: Criteria for an Appropriate Balance," Defense Analysis, Vol. 11, No. 1, October 1995, pp. 65~74

[6]Biddle, Stephen, "Offense-Defense Balance, Force-to-Space Ratios, and Defense Effectiveness," in J. Philip Rogers, *The Future of European Security: The Pursuit of Peace in an Era of Revolutionary Change*, St. Martin's Press, 1993, pp. 82~86

[7]Biddle, Stephen, "Rebuilding the Foundation of Offense-Defense Theory," The Journal of Politics, Vol. 63, No. 3, August 2001, pp. 741~774

[8]Creamer, Scott F., "Assessing Offense-Defense Theory: A Structural Explanation for Intrastate War and Ethnic Conflict," Connecticut University Dissertation, 2009

[9]Davis Jr., James W., Bernard I. Finel, Stacie E. Goddard, Stephen Van Evera, Charles L. Glaser and Chaim Kaufmann, "Taking Offense at Offense-Defense Theory," International Security, Vol. 23, No. 3, Winter 1998, pp. 179~206

[10]Fearon, James D., "The Offense-Defense Balance and War since 1648," Draft in 1997, pp. 1~40

[11]Glaser, Charles L., "Realists as Optimists: Cooperation as Self-Help," International Security, Vol. 19, No. 3, Winter 1994, pp. 50~90

[12]Glaser, Charles L., "The Causes and Consequences of Arms Races," Annual Review of Political Science, Vol. 3, June 2000, pp. 251~276

[13]Glaser, Charles L., "The Security Dilemma Revisited," World Politics, Vol. 50,

No. 1, October 1997, pp. 171~201

[14]Glaser, Charles L., "When Are Arms Races Dangerous? Rational Versus Suboptimal Arming," International Security, Vol. 28, No. 4, Spring 2004, pp. 44~84

[15]Glaser, Charles L. and Chaim Kaufmann, "What is the Offense-Defense Balance and Can We Measure It?" International Security, Vol. 22, No. 4, Spring 1998, pp. 44~82

[16]Gortzak, Yoav, Yoram Z. Haftel, and Kevin Sweeney, "Offense-Defense Theory: An Empirical Assessment," Journal of Conflict Resolution, Vol. 49, No. 1, February 2005, pp. 67~89

[17]Hopf, Ted, "Polarity, the Offense-Defense Balance, and War," American Political Science Review, Vol. 85, No. 2, June 1991, pp. 475~493

[18]Howard, Michael, "Men against Fire: Expectation of War in 1914," International Security, Vol. 9, No. 1, Summer 1984, pp. 41~57

[19]Jervis, Robert L., "Arms Control, Stability, and the Causes of War," Political Science Quarterly, Vol. 108, No. 2, Summer 1993, pp. 239~253

[20]Jervis, Robert L., "Cooperation Under the Security Dilemma," World Politics, Vol. 63, No. 3, January 1978, pp. 167~214

[21]Jervis, Robert L., "From Balance to Concert: A Study in International Security Cooperation," World Politics, Vol. 38, No. 1, October 1985, pp. 58~79

[22]Kaufmann, Chaim, "Possible and Impossible Solutions to Ethnic Civil Wars," International Security, Vol. 20, No. 4, Spring 1996, pp. 136~175

[23]Levy, Jack S., "Everyone's Favored Year for War-or Not?" International Security, Vol. 39, No. 4, Spring 2015, pp. 208~217

[24]Levy, Jack S., "The Offensive/Defensive Balance of Military Technology: A Theoretical and Historical Analysis," International Studies Quarterly, Vol. 28,

No. 2, June 1984, pp. 219~138

[25]Liberman, Peter, "The Offense-Defense Balance, Interdependence, and War," Security Studies, Vol. 9, No. 2, Autumn 1999, pp. 59~91

[26]Liberman, Peter, "The Spoils of Conquest", International Security, Vol. 18, No. 2, Fall 1993, pp. 125~153

[27]Lieber, Keir A., "Grasping the Technological Peace: The Offense-Defense Balance and International Security," International Security, Vol. 25, No. 1, Summer 2000, pp. 71~104

[28]Lieber, Keir A., "Mission Impossible: Measuring the Offense-Defense Balance with Military Net Assessment," Security Studies, Vol. 20, No. 3, July 2011, pp. 451~459

[29]Lieber, Keir A., "The New History of World War I and What It Means for International Relations Theory," International Security, Vol. 32, No. 2, Fall 2007, pp. 155~191

[30]Lynn-Jones, Sean M., "Does Offense-Defense Theory Have a Future?" International Security, Draft in 2001, pp. 5~38

[31]Lynn-Jones, Sean M., "Offense-Defense Theory and Its Critics," Security Studies, Vol. 4, No. 4, Summer 1995, pp. 660~691

[32]McIntyre, David H., "Taming the Electric Chameleon: War, Offense-Defense Theory, and the Revolution in Military Affairs," Maryland University Dissertation, 1999

[33]Montgomery, Evan B., "Breaking out of the Security Dilemma: Realism, Reassurance, and the Problem of Uncertainty," International Security, Vol. 31, No. 2, Fall 2006, pp. 151~185

[34]Morrow, James D., "Arms Versus Allies: Trade-Offs in the Search for Security," International Organization, Vol. 47, No. 2, Spring 1993, pp. 207~233

[35]Nilsson, Marco, "Offense–Defense Balance, War Duration, and the Security Dilemma," Journal of Conflict Resolution, Vol. 56, No. 3, June 2012, pp. 467~489

[36]Park, Jun Hyuk, "Offense, Defense, and Preventive Attack after World War II," Purdue University Dissertation, 2012

[37]Pasha, Hobart, "Systems of Offense and Defense in Naval Warfare," Northen Iowa University Dissertation, 1978

[38]Posen, Barry R., "The Security Dilemma and Ethnic Conflict," Survival, Vol. 35, No. 1, Spring 1993, pp. 27~47

[39]Sagan, Scott D., "1914 Revisited: Allies, Offense, and Instability," International Security, Vol. 11, No. 2, Autumn 1986, pp.151~175

[40]Shimshoni, Jonathan, "Technology, Military Advantage, and World War I," International Security, Vol. 15, No. 3, Winter 1990, pp. 187~215

[41]Snyder, Jack L., "Better Now than Later: The Paradox of 1914 as Everyone's Favored Year for War," International Security, Vol. 39, No. 1, Summer 2014, pp. 71~94

[42]Snyder, Jack L., "Civil-Military Relations and the Cult of the Offensive, 1914 and 1984," International Security, Vol. 9, No. 1, Summer 1984, pp. 108~146

[43]Snyder, Jack L. and Kier A. Lieber, "Defensive Realism and the 'New' History of World War I," International Security, Vol. 33, No. 1, Summer 2008, pp. 174~194

[44]Snyder, Jack L. and Scott Sagan, "The Origins of Offense and the Consequences of Counterforce," International Security, Vol. 11, No. 3, Winter 1986, pp. 187~198

[45]Snyder, Jack L. and Thomas J. Christensen, "Chain Gangs and Passed Bucks: Predicting Alliance Patterns in Multipolarity," International Organization, Vol.

44, No. 2, Spring 1990, pp. 137~168

[46]Snyder, Jack L. and Thomas J. Christensen, "Multipolarity, Perceptions, and the Tragedy of 1914," International Studies Quarterly, Vol. 55, No. 2, June 2011, pp. 305~308

[47]Tang, Shiping, "Offense-Defense Theory: Toward a Definitive Understanding," Chinese Journal of International Politics, Vol. 3, 2010, pp. 213~260

[48]Van Evera, Steven, "Offense, Defense and the Cause of War," International Security, Vol. 22, No. 4, Spring 1998, pp. 5~43

[49]Van Evera, Steven, "The Cult of the Offensive and the Origins of the First World War," International Security, Vol. 9, No. 1, Summer 1984, pp. 58~107

[50]Yuan, I, "Cooperation and Conflict: The Offense-Defense Balance in Cross-Strait," Issues & Studies, Vol. 33, No. 2, February 1997, pp. 1~20

3. 日文著作:

[1]池田清:《海軍と日本》，東京：中央公論新社，1981年

[2]御田俊一:《帝国海軍は なぜ敗れたか》，東京：芙蓉書房出版，2000年

[3]外山三郎:《日本海軍史》，東京：吉川弘文館，2013年

[4]堅田義明:《日本海軍とアメリカ：パールハーバーへのみち》，東京：日本評論社，2011年

[5]野村實:《日本海軍の歷史》，東京：吉川弘文館，2002年

4. 中文著作:

[1]李彬:《军备控制理论与分析》，北京：国防工业出版社，2006年

5. 中文文章:

[1]李志刚:"攻防理论及其评价"，国际论坛，2004年06期，第5～10页

[2]刘红良:"论国际关系中有关权力分配的三种理论与战争"，国际论坛，2012年06期，第28～33页

[3]谭钧:"评析攻防理论"，中国人民大学硕士毕业论文，2009年

[4]王伟光："攻防平衡理论及其批判"，国际政治科学，2012年03期，第84~120页

[5]韦宗友："攻防理论浅析"，现代国际关系，2002年06期，第57~62页

[6]徐进："进攻崇拜：一个理论神话的破灭"，世界经济与政治，2010年02期，第83~100页

[7]徐进："军事技术变化与军事战略转型"，国际政治科学，2005年03期，第44~72页

[8]徐能武："21世纪初美国外空攻防对抗准备论析——基于攻防理论的视角"，外交评论，2013年03期，第79~92页

[9]徐能武："攻防理论视域下外空攻防对比态势的历史演变"，军事历史，2015年05期，第66~70页

[10]杨仕乐："攻击——防御理论、空权发展与台海稳定"，全球政治评论，2003年第三期，第155~169页

[11]杨仕乐："攻守理论的实证检验：案例比较研究1914~1973"，政治科学论丛，2007年第三十三期，第117~150页

[12]杨仕乐："攻守理论争辩之评析"，问题与研究，2005年第一期，第141~167页

[13]邹明皓、李彬："美国军事转型对国际安全的影响——攻防理论的视角"，国际政治科学，2005年03期，第73~92页